夢紡いで 3

トップランナー 69人の思い

RSK山陽放送「夢紡いで」取材班 編

「夢紡いで」第三巻発行によせて

ＲＳＫ山陽放送株式会社
代表取締役社長
桑田　茂

２０１６年10月24日に、地域を支える岡山・香川の企業、団体のトップに「夢」や「経営ビジョン」を語っていただこうという主旨でスタートした「夢紡いで」。放送枠が短いため、番組の中だけではその全てを紹介しきれておらず、普段なかなか聞くことのできないトップの方々の貴重なお話を「エリアの皆さんにどうにかして伝えたい」「残したい」という思いから、番組内で紹介できなかったインタビューを含めて書籍にまとめてきました。これまで第一巻と第二巻を刊行し、今回は第三巻となります。

放送は２０２０年９月に終了いたしましたが、これまで４年間の放送は１７２回を数えます。

今回の出版では、最終回までの69名分の貴重なインタビューをまとめさせていただきました。業種は多岐にわたりますが、トップの方々の共通点は、地域発展のために人づくり、会社づくり、街づくりに取り組んでいることです。この第三巻もトップの方々の熱い思いが伝わってくる〝地域のバイブル〟になっております。エリアの皆さんはもちろん、エリア外の方に岡山・香川を知っていただくためにも、一人でも多くの皆さんに手に取って読んでいただきたいと思います。

これまでお届けしてきた「夢紡いで」の放送と書籍が、岡山・香川の更なる発展の一助となることを祈念いたしまして、第三巻発行のご挨拶とさせていただきます。

もくじ

※本文の掲載情報（肩書き、価格、年月日等）は、取材の当日時点のものです。

“安全面に妥協せず、製品の質を極めたい”

日プラ株式会社
敷山哲洋　代表取締役

木田郡三木町

――夢をお聞かせ下さい。

敷山：世界中の子どもたちのために、水族館をつくり続けていくことです。

――「沖縄美ら海水族館」をはじめ、水族館で使われている巨大なアクリルパネルの製造で、世界から注目されていますね。どんな思いでものづくりをされていますか。

現状に満足せず、これでもかと追求して良いものに

敷山：水族館のアクリルパネルの中には何百トン、何千トンの水が入っているので、万が一にも壊れてはいけません。とにかく安全に長持ちさせないといけないので、品質にこだわって今日までできました。安全面に妥協せず、「これでなくてはダメだ」と言えるものをつくり続けて、これまで60カ国以上に製品を納めています。何百ものプロジェクトを手がけてきましたが、事故は起こっていません。最近では特に営業活動をしなくても、海外から注文が来る状況です。

――それは創業時からの思いですか。

敷山：私も元々技術者なので現場で研究ばかりしていたのですが、50年前に会社を立ち上げるとき、製品の品質を極めたいと考えました。そのために従来の会社組織ではなく、新入社員もベテランの従業員も同じように一つのプロジェクトに関わり全員で

成し遂げていく職人集団にしました。これからも、従業員全員が職人でいる組織でありたいと思っています。私がよく言っているのは、「一歩を踏み出せ」ということです。立ち止まっていても、いい知恵は浮かばない。壁があって、とにかく前進すべきだとよく言っています。「何事も一歩先を極めれば、技を極める道となる」ということわざが好きです。モノづくりでも同じで、満足していては駄目。一歩一歩どこが改善できるのを検討していけば、よい展開になってくるはずです。

――品質というのは、安全を保つ強度や透明度のことですね。

敷山：もちろんそうです。透明度は、永遠に維持できないといけません。水族館を訪れたお客さんに海底にいるように感じていただきたいわけですから、色が変わって見えにくくなってはいけないのです。ですから透明度を維持するための研究を続けています。現状に満足していてはダメで、これでもかと追求していけば良いものがどんどんできます。それは一人ではできません。従業員みんなが職人になっていることでいろいろなアイデアが出てくるのです。それに、納めた後でも、水槽の中にいる魚類や海獣類によってアクリルの中部を傷つけられることもよくあります。傷がひどいと中が見えにくくなりますから、その場合、普通は中の水を全部抜いて、魚を除いて水槽を空にしてから磨いていくのですが、それでは水族館の営業がストップしてしまいます。われわれは魚をそのままの状態にして、水槽に潜って中からアクリルを磨くということを行っています。そして、その時使用するコンパウンドにしても、魚類に影響しないものを開発していかなければいけません。そういうことまで行っているので、海外からメンテナンスの依頼を受けることもあります。そのために潜水士を何人も育てていて、今は社員が潜水士になっているわけです。

従業員全員が職人でいる組織でありたい

――水族館には、どんな方に来てほしいですか。

敷山：一番見てほしいのは子どもたちです。子どもたちに水族館に来てもらって魚の勉強をしてもらいたいのです。昨今のマグロ漁獲量の制限とかイルカ類の売買禁止とかいった問題について勉強して考えてもらう教育施設的な場ですから、魚の生態に合わせた水槽のディスプレイや環境づくりをしなければいけないと考えています。単に大きな水槽を作って泳がせるだけでは意味はないのです。設計事務所から設計図をいただいたときには「どういう魚を入れるのか」「どういう動物を入れるのか」ということから入っていきます。そしてその生態にあったディスプレイをして、その環境が魚にとっていいものだったら、それなりに元気に育ってくれます。その姿形を子どもたちに見せたいと思います。自然の姿で、この魚はこういう所でこのように生息しているということがよく分かるものにしたいと思っています。

――最近は、防災施設を手がけておられるとうかがっています。

敷山：防潮堤のことですね。防潮堤も場所によっては、高さ10メートルぐらいのものをつくらないといけません。これまではコンクリートでつくられていましたが、それでは景色が遮断されて防潮堤の向こう側の海の様子が見えません。避難しろと言われても、津波がどこまで来ているかが実際に見えないわけです。コンクリートの一部にアクリルの窓を設けた防潮堤ができればと考えて提案したところ、採用されました。それから、高速道路の防音板にも採用されます。道路の側にはマンションが多く建っていますが、その建物への騒音が少しでも防げたらということも考えてアクリル板を開

日プラ本社

発しており、この防音板の量産化にも乗り出しています。防潮堤も防音板も、テスト版として使ってもらって大丈夫ということが分かってきました。

――今後、どのような展開をお考えですか。

敷山：大きな水族館より、小さな水族館をつくりたいと考えています。水族館のない小さな国で、子どもたちの勉強の場となる水族館をつくっていきたいのです。例えばアフリカには40カ国ぐらいの国がありますが、ほとんど水族館はありません。そういう国に水槽を納めていきたいと思っています。

（2019年1月28日 放送）

敷山哲洋（しきやま てつひろ）

日プラ株式会社代表取締役

昭和8（1933）年5月7日兵庫県生まれ。昭和27（1952）年兵庫県立西脇工業高等学校化学工業科卒。昭和44（1969）年日プラ化工株式会社を創業し代表取締役社長に。昭和49（1974）年海洋設備株式会社代表取締役社長。昭和56（1981）年日プラ海洋設備株式会社（2社を統合）代表取締役社長。平成8（1996）年日プラ株式会社（称号変更）代表取締役。平成16（2004）年旭日双光章受章。屋島水族館株式会社代表取締役。

〃特殊加工の分野で技術を活かしていきたい〃

株式会社中国シール印刷
西山隆三郎 代表取締役社長
岡山市

――夢をお聞かせ下さい。

西山：地域社会に貢献できるラベルやシール専門の企業として、頑張りたいと思います。

――世界ラベルコンテストの最優秀賞などを受賞されていますね。世界に誇る技術とは、どのようなものなのですか。

西山：現在は印刷の工程がデジタル化されていますが、かつては印刷のオペレーターは技術や技を持った職人として育ってきました。ですからオペレーターは、デジタルでできない特殊加工の分野で技術を活かしていきたいと思っています。こういう世界レベルの賞を受賞して、高い評価をいただけたのは、スタッフのみんなが頑張って勝ち取ったものです。こうした取り組みを継続し、いろいろな技術を試していきたいと思っています。

チーム力が高まったことが受賞に結実

――世界大会への応募の動機は？

西山：もともとわが社のデザインは、フリーのデザイナーに委託していました。しかし、それでは短期の納品に対応できなくなり、社内に企画スタッフやデザイナーを置いてクライアントさんから直接話を聞くようにしました。その頃にオペレーターから、デザインや印刷の技

術をどうしたら評価してもらえるんだろうという話を聞き、コンテストに応募することになりました。それがきっかけで製版や企画スタッフ、オペレーターが連携するようになり、チーム力が高まったことが結果として受賞につながったと思います。印刷はデジタル化になり、ペーパーレスで情報を手軽に入手できるようになってきましたが、全くなくなるということはないと思っています。デジタルだとすぐに消えてしまいますが、印刷物として、また書籍として「形になるということはいいよね」という部分はなくなってはいけないものだと思っています。

――世界から認められる技術力を持つために、どのようにされたのですか。

西山：ラベル印刷というのは、色が合って図版がずれずに印刷されることが最低条件です。審査では、製版やデザインだけでなく、版がつぶれていないかなど、細かくチェックされて総合的に評価されます。個々の技術力がもちろん大切ですが、この技術力を上げることができたのは、若いスタッフとベテランスタッフとの円滑なコミュニケーションにあったと思います。そして、日々アンテナを張ってイマジネーションや想像力を豊かにして、ものづくりをしたいという気持ちを持ち続けていくことが大切だと考えています。

――受賞後の周囲の評価はいかがでしたか。

西山：いろんな方からお褒めの言葉をいただきました。受賞できたことで、オペレーターや受賞にかかわったスタッフに、小さなトロフィーを贈りました。これを家に持ち帰ったら子どもさんから「お父さんすごいね。世界一になったんだね」と言われて、とても嬉しかったという話を聞きました。会社のイメージアップになったことより、家族の中でお父さんに対する見方が変わったことが、良かったと思いました。

――今後さらにデジタル化社会になると、ペーパーレス化するのではとも言われますが……。

西山：印刷業界ではデジタル化が進んだことで、短い時間で容易に製品を作り出すことができるようになりました。その反面、印刷物が少なくなり、さらには用紙代の値上げなど厳しい状況が続いています。わが社では「箔加工」や立体の「浮き出し加工」など、デジタルだけではできない印刷を進めてきました。こうした付加価値のある、お客さんに喜んでいただける分野はまだまだあると思っています。

若いスタッフとベテランとのコミュニケーションで技術力アップ

社員同士の積極的なコミュニケーション

本社社屋

――地域貢献ということでは、どのようなことを考えですか。

西山：地域で頑張っておられる商店や企業の皆さんに、「このようにしたらもっと付加価値が出て、イメージが良くなりますよとか、販売数が増えますよ」といった提案をして、できる限りお役に立ちたいと思っています。販売促進に役立ち、地元経済が活性化して、地域の方々が生き生きできるようにしていくことが、社会貢献だと考えています。

――今年で創業87年ということですが、今後についてお考えをお聞かせ下さい。

西山：創業100周年に向けて、ラベル・シールの専門業者としてお客様のニーズに合わせたオリジナルのラベルを作り続けたいと思っています。

（2019年2月4日 放送）

西山隆三郎（にしやま　りゅうざぶろう）

株式会社中国シール印刷代表取締役社長

昭和24（1949）年岡山市生まれ。京都精華大学（デザイン科）卒業。昭和45（1970）年株式会社ソーケン（企画室）入社。昭和50（1975）年有限会社中国シール印刷入社し、製造、営業経て平成3（1991）年代表取締役社長就任。趣味は写真、油絵、旅行。

〝高度な経験や技術、知識を持った人材が大事〟

株式会社千田組

上原正樹 代表取締役社長

岡山市

——夢をお聞かせ下さい。

上原：これまでに培った鉄塔建設の技術を生かして、地域社会に貢献していきたいと思います。

——どんな仕事をされているのかを教えてください。

上原：送電線の鉄塔や配電線の地中化の工事です。変電所の工事などもしています。その中でも独自のものは、山間部に鉄塔を建てロープを渡して荷物などを運ぶ索道（さくどう）の架設工事です。急傾斜地で重機などを使う危険を伴う作業ですから、一瞬の気も抜けない特殊な工事です。

——送電線や配電線の工事は、どういう場所でされるのですか。

上原：通常では人の立ち入ることのないような場所、山間部でも急傾斜地が多いです。そのため高度な技術と経験が必要になります。同じ条件の場所はなく、一つの現

電気を家庭に供給する仕事に、責任と自覚を持って取り組む

場ごとに工事の仕方を考えないといけません。大きな事故にもつながりかねない現場がほとんどですから、経験や技術、知識を持った人材がとても大事になります。重機のない時代は手作業でしたが、次第に特殊な重機やクレーンを使うようになりました。この中国地方の管内では、数少ない会社の一つです。

――これまでどんな仕事をされてきたのですか？

上原：今年で創業68周年になります。会社のスタートが、山間部で荷物などを運ぶ索道工事とか、鉄塔の建設工事からでした。また、配電線の地中化とか、携帯電話の基地局建設の工事など、新しい仕事も手掛けてきました。わが社の基本は送電線の鉄塔工事なので、その技術を今もずっと継承しています。

――現場のみなさんは、どんな気持ちで取り組んでおられるのですか。

上原：特殊な現場が多いので、いろいろな資格が必要になります。例えば、穴を掘るのにも物を吊るにも、ワイヤーを掛けるにも、すべて資格が必要です。山間部での過酷な仕事になることもあり、気持ちが折れるようなこともあります。しかし、現代人の生活の中で欠かせない電気を家庭に供給する仕事ですから、一人ひとりが責任と自覚を持って取り組んでいます。

――新しい取り組みを始められているとうかがっています。

上原：以前は大きな物を運ぶのに、ヘリコプターを使って運んでいました。今はデジタル化の世の中ですから、そういう作業にドローンを使い始めています。また、点検作業などもドローンを飛ばして撮影し、動画を確認して点検をするといったことができるようになりました。それで異常が見つかると、人が鉄塔に登って修理することになります。ドローンを使って、作業の効率化につなげていきたいと思っています。

――人材の育成について教えてください。

上原：人の手で作業する仕事ですから、人材が大事だと考えています。若い世代の人には優しく接するだけでなく、厳しい指導も行っています。働き方改革など新たに取り組まなくてはいけない課題はたくさんありますが、決められた時間内に、いかに与えられた仕事に責任を持ってやるかを、全員に伝えています。

――やはり育成ということにとても力を入れておられるのですね。

上原：この仕事は特殊な仕事ですから経験が一番なのですが、今の時代では資格がなければその経験も生かされないので、資格の取得やそれぞれが自分の考えで勉強することにも取り組んでもらっています。

ドローンを使って、作業の効率化につなげる

無線局の組立工事（ドローンにて撮影）

送電線の鉄塔工事の現場

――具体的にどんなことをされていますか。

上原：例えば毎朝7時から朝礼をして、考え方や心構えの話をしています。座る姿勢や人の話を聞く姿勢、そういったところを大事にしています。強い精神力と責任感を持ってもらい、仕事を安全にすることが一番重要だと思っています。

――これからの会社がどうどうあろうとしているのか、ビジョンをお聞かせ下さい。

上原：生活するうえで一番大事な電気を家庭に送る、供給する仕事ですから一人ひとりが与えられた仕事に責任を持って取り組んでもらう。そういった中で、全員が幸せを実感できる会社にしたいと考えています。

（2019年2月11日 放送）

上原正樹（うえはら　まさき）

株式会社千田組代表取締役社長

昭和40（1965）年岡山市生まれ。関西学園関西高等学校から九州共立大学工学部を経て、昭和63（1988）年株式会社千田組に入社。平成14（2002）年同社常務取締役に就任。平成15（2003）年同社代表取締役社長に就任。

〝地域の人と一緒に住みやすい街をつくりたい〟

岡山市
株式会社ベンハウス
藤澤 茂 代表取締役社長

――夢をお聞かせ下さい。

藤澤：ベンハウスは賃貸業として快適で安心・安全に住める住空間を提供し、地域の人と一緒に住みやすい街をつくりたいと考えています。

――ベンビレッジ平田が完成しましたが、そのコンセプトについて教えて下さい。

安心・安全に住める住空間の提供

藤澤：ベンビレッジ平田は、我々が目指す「安心・安全に住める住空間の提供」というビジョンが実現できたマンションです。セキュリティーにおいては、外から部屋の中の様子が見えるような「見える化」を実現した、日立ビルシステムのセキュリティーサービスを導入しています。警備会社である日立ビルシステムと直接つながっていますので、たとえばエレベーターが止まったり、部屋で何か事故などが起こったときに、スイッチを押せばすぐに駆け付けてきてくれます。防犯システムとして非常に心強いサービスです。

――どうしてそのようなシステムを導入されたのでしょうか。

藤澤：安全に生活していただくためには、やはり防犯システムなどセキュリティ強化が第一条件ではないかと思います。そして、ここまでセキュリティーを徹底するというのは、賃貸マンションでは画期的な例だと思います。ベンビレッジ平田のような「高

付加価値の賃貸マンション」という世の中にまだないものを提供していくというのが、ベンハウスのコンセプトして今後取り組んで行く方向だと考えているのです。

——高級感のある、より便利なものを提供していくということでしょうか。

藤澤：これまではハード面のほうにこだわってきていたのですが、今後はソフトの部分にもよりこだわっていきたいという気持ちがあります。まず、ベンビレッジ平田では、賃貸では珍しく管理人室を設けています。この地域にお住まいの方の中には転勤族の方が多いので、管理人がいることでクリーニングの引き取りを代わって差し上げるなど、かゆいところに手が届くようなサービスを提供していきたいと考えています。

——転勤族の方のことを考えた工夫があるのですか。

藤澤：ゆとりある部屋づくりと、クローゼットの広さや収納の多さもバランスよく実現するということに苦労しました。

——防災への取り組みについてはいかがでしょう。

藤澤：この平田という地域は笹ヶ瀬川が近く、もし氾濫し土手を水が越えた時は、平田地区は水没1・5メートルになります。万一の時に対応できるよう平田地域の方とベンハウスが協定を結びました。マンションの前の公園が一時避難場所に指定されてはいますが、さらに高い所に避難しなくてはならないという場合は、このマンションの屋上に避難できるように造ってあるのです。安心・安全といったキーワードの下に何ができるか。その一歩として、町内会長さんをはじめ地元の方たちとともに安全組織の立ち上げを行っているところで、今後は防災訓練の実施も予定しています。

——そうした取り組みは、どういった思いから生まれているのでしょうか。

藤澤：平田は自分の生まれた地域ですから、自分やベンハウスを育ててもらったという感謝の気持ちがあり、また弊社の30周年を記念してという意味合いもあります。何より、地域の安全や環境整備、子どもの教育といったことについて、地域に何か恩返しをしたいという思いがあるのです。

——古い住居の再生に取り組んでおられます。

藤澤：私の座右の銘は「温故知新」。古いものの中には新しいことへのヒントがいろいろと詰まっているものです。弊社では築50年の古い借家を扱っています。これは私の祖父がこの辺りで初めて借家業に取り組んだ物件です。建物の外枠はそのまま残して内装を現代風にアレンジし、敷地500坪の中に全部で11戸ありましたが、真ん中の一戸を取り除いて空間をつくっています。50年前の建物ですから、周囲はどんどん新陳代謝が進んで新しいマンションに建て替わったりしているわけですが、その中で「古いところにはいいモノがある」ということで、いかにこれを再生できるか考えて取り組んできました。

古いものと新しいものが共存した町並みを

——そうした活動によってどんなまちづくりをしていきたいと思われますか。

藤澤：街というものは、いろいろなモノが混ざり合っていないといけません。新しいマンションもないといけないし、古いモノが再生されて活用され、いろいろなモノが隣り合って町並みができていくものだと思います。育ったこの地で、私どもにどれだけのことができるかわかりませんが、そうした古いものと新しいものが共存した

町並みを残すことに貢献したいですね。今あるものをいかに盛り上げていくかも大事ですから、土地からいただいた実りを「祭り」という形で皆さんに還元できればと、「盛り上げ隊」としての祭りへの参加も準備しています。この街に来れば古い祭りを子どもに経験させることができるとなれば、環境面や教育の面でもプラスになると考えています。そうした環境に関することや安全に関する取り組みを進めていけば、住んでいる方にとってもプラスになりますし、この街がさらに栄えていくことにもつながりますので、不動産業としてしっかり取り組んでいきたいと思います。

――改めて今後のビジョンをお聞かせ下さい。

藤澤：エリアマネージメントを担う企業として、この地域をいかに盛り上げていくか。「このエリアに来たら安心して暮らせますよ」ということを、一つひとつ作り上げていけたらと考えています。

（2019年2月18日 放送）

藤澤　茂（ふじさわ　しげる）
株式会社ベンハウス代表取締役社長
昭和32（1957）年7月29日岡山市生まれ。近畿大学商経学部卒業後、昭和57（1982）年4月株式会社全備入社。平成元（1989）年7月に株式会社ベンハウス設立、代表取締役に就任。趣味はゴルフとバンド活動。

〝日照量が多い岡山を中心に、ソーラー事業を継続〟

岡山市

旭電業株式会社
松岡 徹 代表取締役社長

――夢をお聞かせ下さい。

松岡：電気を通じて、地域の人々に快適な生活を提供したいと考えています。

――御社は電気設備の施工・設計で知られていますが、近年は太陽光発電を手がけておられるそうですね。

ソーラー施設の保安とメンテナンス業務がメインに

松岡：創業時から建物の電気工事を中心として、いろいろな電気工事に携わってきました。最近は２０１２年に始まった政府のＦＩＴ制度（固定価格買取制度）を活用したソーラー（太陽光発電）工事を手掛けるようになりました。今では、電気工事と太陽光発電の工事の比率は半々になっています。

――今後のエネルギーとして太陽光発電に注目されたのですね。

松岡：電気の工事屋ですから、当初は太陽光発電の工事をと考えていました。海外視察も含めて、風力発電や太陽光発電などを見学して研究した結果、我々が取り組むにはソーラーがよいと考えました。

――雨量の少ない岡山の地の利も考慮されてのことですか。

松岡：瀬戸内海沿岸は日照量が多く、他の地域と比べると発電量は2割以上もアップするというデータがありました。もともと岡山が拠点ですから、岡山を中心にして太陽光発電の事業をやっています。売電収入のうえからも他地域より多くなっており、瀬戸内沿岸は太陽光発電に適した土地だと言えると思います。

――その太陽光発電の事業をどのように発展されていくのでしょうか。

松岡：発電施設のメンテナンス業務が必要になりますから、保安とメンテナンス業務の部署を設けました。当初は工事をした設備だけのメンテナンスを考えていたのですが、現在は他社が設置した物件もメンテナンスしています。

――具体的にはどういったメンテナンスが必要なのですか。

松岡：ソーラーパネルですから、パネルに鳥が糞をするなどすると、障害が出てきます。パネルの表面を日視したり周辺の雑草の除去をしたりするなどがメインの仕事になります。日々の細かいメンテナンスが必要です。

――太陽光発電施設のメンテナンスサービスを拡大させていくのですか。

松岡：そうですね。２０１８年9月に第2本社ビルを完成させ、４階にコントロールルームを設けました。東は東茨木から西は宮崎の発電所まで、現在は約50カ所の発電所の様子をモニターで確認できます。施設にトラブルが起こったらコントロールルームと係員に警報がメールで届き、直接現場に急行してもらいます。

――ソーラー発電の事業は、今後どんどん増えていくのでしょうか

松岡：ソーラー施設の設置工事は、あと5年程度でほぼなくなると思っています。その後はソーラー施設の保安とメンテナンス業務がメインになると考えています。もともとは建物の内線工事が中心だったので5年後以降は本来の事業に戻っていくことになりますから、社員には5年先を考えるようにと話しています。東京オリンピック、２０２５年には大阪での万博開催の予定もあり、これからは様々な場所で仕事を開拓していこうと考えています。

――ところで、2月の西大寺会陽の祝主をされていまし

約50カ所の発電所の様子をモニターで確認

コントロールルーム

旭電業本社

たね。

松岡：来年がわが社の創業70周年ということで、西大寺会陽の祝主をさせていただきました。祝主は今回で3回目になり、最初に父親がやり、私の代では2度目です。50年も続く祭りを絶やすことなく、にぎやかな祭りにしたいですし、両親が西大寺出身ですからできるだけ町を活性化させたいという気持ちがあります。

――最後に今後の会社のビジョンをお聞かせ下さい。

松岡：電気を通じて快適な生活を送っていただきたいと思っています。また、社員には、社是に「あさひが花を咲かせます」とあるように、いろんな花を咲かせてもらいたいと考えています。

（2019年2月25日 放送）

松岡　徹（まつおか　とおる）

旭電業株式会社代表取締役社長

昭和26（1951）年岡山市生まれ。昭和49（1974）年に千葉工業大学電気工学科卒業後、昭和52（1977）年に旭電業株式会社入社。平成9（1997）年に同社代表取締役社長に就任。平成10（1998）年有限会社旭メンテナンス（現：旭メンテナンス株式会社）取締役。平成16（2004）年一般社団法人岡山県電業協会会長、一般社団法人日本電設工業協会中国支部副支部長、一般社団法人日本電設工業協会理事に就任。平成22（2010）年西大寺会陽奉賛会副会長。平成25（2013）年岡山商工会議所常議員、平成25（2013）年朝日管工株式会社代表取締役。

“キャンピングカーの魅力と可能性を知ってもらいたい”

高松市
株式会社岡モータース
岡 宏治 代表取締役社長

――夢をお聞かせ下さい。

岡：キャンピングカーの魅力を、多くの方々に知っていただくことです。

――キャンピングカーはどんな方が利用されているのですか。

趣味を楽しむためのスペースとして活用

岡：キャンピングカーというと「キャンプをするための車」というイメージが強いと思いますが、実際には、旅行をしたり釣りをしたりハイキングや山登りをするといった趣味を楽しむためスペースとして活用されています。ペットと共に旅行するといったユーザーさんも多くおられますし、温泉に行くときに利用する方もおられます。アウトドアだけではなく、それぞれのユーザー様の趣味に応じた多様な利用の仕方があります。

――小さな車をベースにした「ミニチュアクルーズ」も人気があるようですね。

岡：もっと気軽に車中泊を楽しみたいというユーザー様からの要望があり、軽自動車をベースに開発しました。その中には女性の方もおられ、ラウンド家具やアースカラーで統一した女性仕様の車もあります。お遍路するための菅笠や杖を収納できるようにしたタイプもあります。また最近では災害に遭うことを想定する方も多いので、ソーラー給電システムを標準

装備しているモデルもあります。

――設計・製作の工程でこだわっている点を教えてください。

岡：数年前にコンピューター制御のNC加工機を導入したために、高精度の加工ができるようになりました。現在の新しいモデルでは組み家具などにも採用しています。軽くて強靱という利点があり、開発スピードもアップしているので、ユーザーの要望に添った新しいモデルが開発しやすくなりました。

――どういったことを考えながら、設計やデザインされるのでしょうか。

岡：軽自動車の場合、そもそもスペースが限られていますから、そのスペースを最大限有効利用して、何通りにも使えるように設計しています。そういったところがものづくりの喜びとやりがいのあるところです。どうすればより良い商品を提供できるかを、スタッフみんなで考えながら、日々頑張っています。

――最後の組み立ては手作業ですか。

岡：仕上げの段階はどうしても微調整が必要ですから、熟練したスタッフが組み立てています。現在は多くのお客様に納車を待っていただいている状況です。組み家具工法を多用することでさらに納期を短縮できるように努めています。

――お客さまからキャンピングカーで出かけたお話を聞かれることも多いのですか。

岡：キャンピングカーは商品でありながら、お客様の思い出づくりをお手伝いできるものだと思っています。ユーザーさんがいろいろな場所にキャンピングカーで旅をされて、帰って来られてから、こんなことが楽しかったとか、こんな体験をしたという話を聞かせてもらいます。それが我々の励みになり、より良い商品開発に生かせていければと思っています。

――キャンピングカーはいろんな使い方がありそうですね。

岡：近年、各地で災害が起こっています。そんな中で普段使いだけでなく、いざという時の避難場所としても使えるのではないかと考えています。実際にそういう目的も兼ねて所有されている方もおられますが、普段はアウトドアや趣味のスペースとして活用されています。購入

限られたスペースを有効利用して、何通りにも使えるモデルを提案

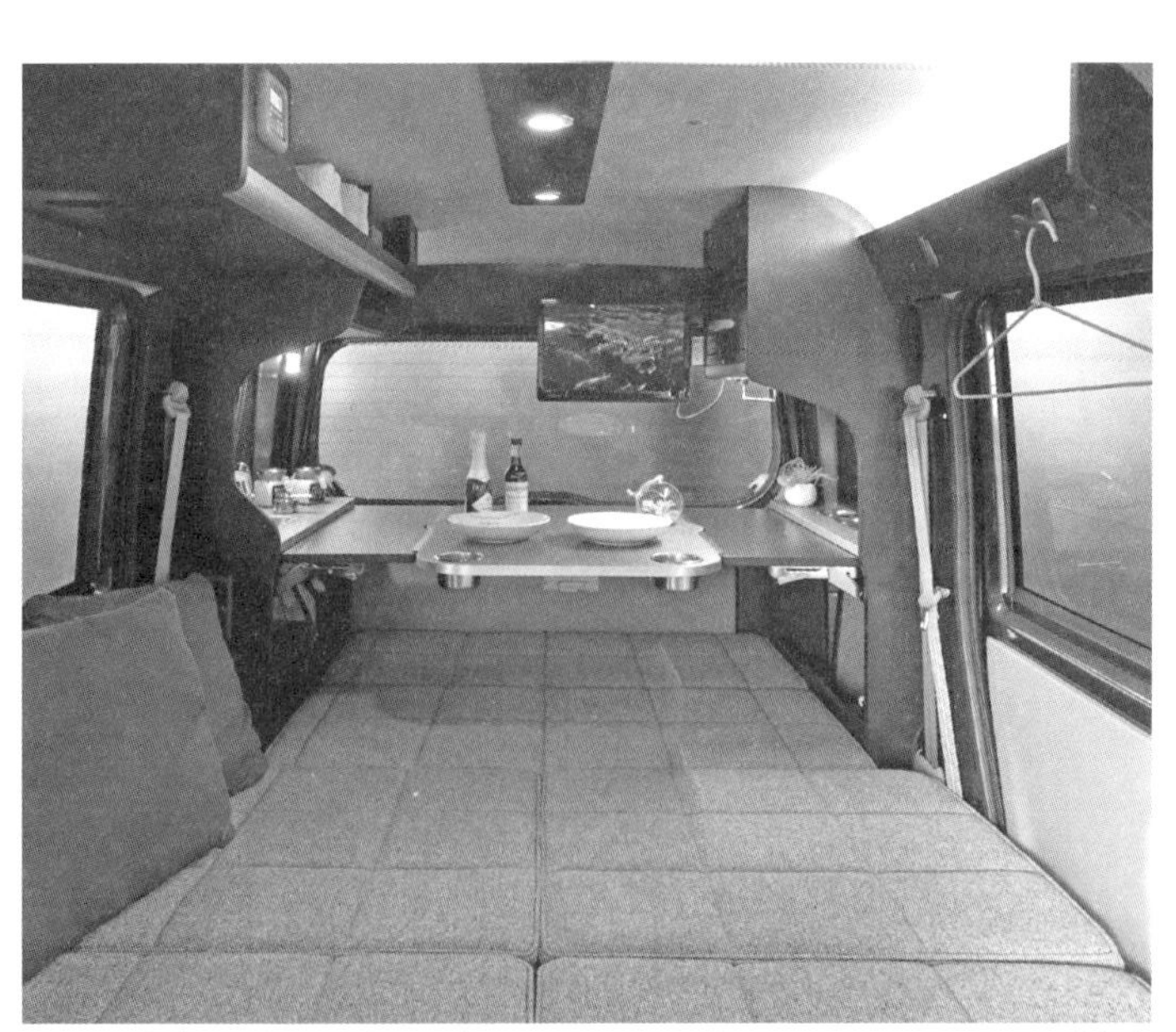

グッドデザイン賞を受賞した軽四キャンピングカーミニチュアクルーズ室内

された方の中には実際に地震を体験された方もおられて、余震が続くなか「車の中だからなんとか過ごせたけれど、家の中だったらいつ崩れるかと心配でとても家にはおられなかった」という話をお聞きしました。

展示場には多くのキャンピングカーを常設展示

――キャンピングカーの可能性は、さらに広がっていくとお考えですか。

岡：キャンピングカー先進国と言われる欧米などと比べると、日本にはまだまだ浸透していないと思います。今後はみんな余暇などを楽しむ機会が増えてくるでしょうから、そういう時に活用していただけるようにと考えています。キャンピングカーの需要はますます広がっていくと思いますよ。

――これからのビジョンをお聞かせ下さい。

岡：キャンピングカーは大きな可能性を持っていると思います。今後、その魅力をより多くの人に知ってもらい、ユーザーの人生を豊かにするお手伝いがしたいと考えています。

（2019年3月4日 放送）

岡　宏治（おか　こうじ）

株式会社岡モータース代表取締役社長
昭和39（1964）年高松市生まれ。大手前高松中学・高等学校卒。松山大学経営学部卒。昭和62（1987）年トヨタカローラ香川入社。平成元（1989）年岡モータース入社。平成10（1998）年岡モータース代表取締役社長に就任。平成16（2004）年キャンピングカー部門設立。趣味はホームシアター、スキューバダイビング。

〝子どもたちに夢や目標を持ってもらいたい〟

トライフープ岡山
中島　聡　代表
岡山市

――夢をお聞かせください。
中島：スポーツの力で街を元気に、岡山の街を日常的にバスケットボールがあふれる街にしたいと考えています。

――岡山県初のプロバスケットボールチーム「トライフープ岡山」を発足させた理由を教えてください。
中島：バスケを頑張っている子どもたちに、夢や目標を持ってもらいたいと思いました。気軽にバスケットボールを習うことができる場所をつくろうと、最初はバスケットボールスクール兼レンタルコートをオープンしました。

身近にプロ選手がいると、子どもたちも明確なビジョンを持てる

――つくってからの反響はいかがでしたか。
中島：最初はミニバスケットボールや部活をやっている子どもが多く来てくれました。プロのプレーヤーにバスケットボールを教えてもらえることで、やる気を持ってくれる子どもたちが多かったので、やって良かったなと思いました。スクールを1年間やっているうちに、子どもたちがどうやったらプロ選手になるのか、興味を持つようになりました。そこで、身近にプロ選手がいれば子どもたちは明確に努力する目標を持てるのではないかと考えて、３人制のプロバスケットチーム「トライフ

ープ岡山」を設立することにしました。

――現在までの実績を教えて下さい。

中島：チームが発足して5年です。2016年から2018年まで3年連続で世界大会に出場しています。来年の東京オリンピックでは3人制のバスケットボールが正式種目になるのですが、その代表候補選手を2人抱えています。

――オリンピックの代表候補選手がいることは、子どもたちにとっても刺激になりますね。

中島：身近にプロ選手がいると、子どもたちも明確なビジョンを持って努力することができるようです。子どもたちは、「どうやったらドリブルとかシュートがうまくできるようになるのか」など真剣な質問をして来ます。すぐ近くで動作を見ながらアドバイスを聞くことができるのは、子どもたちにとっても良い環境と考えています。

――なぜ岡山で発足しようと思われたのですか。

中島：私は岡山大学に来てからバスケットボールがうまくなり、プロチームに入ることができました。そのプロのチームを辞めるときに、岡山でバスケットボールがうまくなったのだし、何かの形で岡山に恩返しができないだろうかと考えました。その時に岡山にはプロのバスケットチームがなかったので、トライフープをつくりました。

――岡山のためにという思いが最初からあったのですね。

中島：地域への貢献ということは、考えていました。今年の1月には、西日本豪雨で被災した倉敷市真備町の子どもたちに、バスケットボールクリニックを開催しました。こういった地域支援活動を通して街を元気にしたいですし、岡山にスポーツ文化を根付かせたいと思っています。そして何よりも、子どもたちがスポーツを夢や目標にして努力するようになってほしいと考えています。

――今、大きな目標を持たれているとお聞きしました。

中島：日本最高峰の5人制のプロリーグ「Bリーグ」への参入を目指しています。現在の3人制のバスケットボールは夏のリーグで期間も短く、ホームの岡山での試合も1～2試合しかありません。「Bリーグ」は秋から春まで年間60試合あり、ホームでの試合も30試合あります。バスケットボールの試合に触れる機会を多くつくることができ、年間を通してバスケットボールが楽しめる街に変えていけると思っています。日常的に「今日のトライフ

年間を通してバスケットボールが楽しめる街に

イオンモール岡山での3x3.EXE PREMIERの試合風景

ジップアリーナ岡山でのB3リーグ・初ホーム開幕戦 勝利の瞬間

ープの試合はすごかったね」といった会話が出てくるように、生活の一部になるチームになっていけばいいなと思っています。

――今後の活動についての思いをお話しください。

中島：今年は「B3リーグ」に参戦して、2年以内には「B2リーグ」に昇格し、さらに5年後にはB1に参入したいと考えています。カテゴリーが上がるにつれて、レベルの高い選手や環境も変わってくると思います。岡山を日常的にバスケットボールがあふれる街にして、身近で頑張るプロ選手を見てもらい、世界に羽ばたく選手が岡山の街から出れば良いなと思っています。

（2019年3月11日 放送）

中島　聡（なかじま　さとる）

トライフープ岡山代表

昭和59年（1984）年大阪府生まれ。岡山大学薬学部卒業。プロ選手を目指し、各クラブのトライアウトを経て、「bjリーグ」2011・12シーズンに大阪エヴェッサの練習生に。1年で退団後、平成25（2013）年株式会社トライフープを設立。平成26（2014）年に岡山市南区西市にバスケットコートをオープン。平成27（2015）年に3人制バスケットのプロリーグ「3×3.EXE PREMIER」に参入する「トライフープ岡山.EXE」を発足。平成30（2018）年には5人制のプロリーグ・Bリーグ入りを目指して、トライフープ岡山を立ち上げる。

"岡山駅西口のにぎわいづくりに貢献していきたい"

岡山市

ANAクラウンプラザホテル岡山

大岩道典　オーナー代表取締役

――どんなホテルを目指しておられるのか、お聞かせください。

大岩：国の内外からお越しになるお客様に、「もう一度岡山に来たい」と思っていただけるホテルづくりを目指しています。

――こちらのホテルのお部屋や施設の特徴を教えてください。

岡山の街並みを眺望できる広い窓の客室で、快適な空間を提供

大岩：2015年の秋に、岡山県初の外資系ホテル「ANAクラウンプラザホテル岡山」として生まれました。客室は洗練された機能面に重点を置いていることに加え、全室の広い窓からは岡山の街並みを眺めることができます。大きな解放感を感じていただける快適な空間が提供できていると思います。

――お客様からは、どういった声が聞かれますか。

大岩：大きな窓から雄大な街並みが見え、普段感じられない開放感があるということは、よく聞いています。バスルームの窓から町並みが見えるので、風呂の中の自分の姿が見られているようで恥ずかしいと言った声もありました。それくらい大きな窓ということですね。

――バスルームから眼下に岡山の夜景を楽しめるのです

ね。

大岩：お客様に、岡山を楽しんでほしいことと、当ホテルならではの解放感を感じていただきたいと思っています。県下では、当ホテルほど大きな窓はほとんどないと思われますから、その解放感は格別だと思いますよ。

――このホテルを、どんなふうに楽しんでもらいたいと思っておられますか。

大岩：私どもが特に力を入れているのは料理です。地産地消を合言葉に、外資系ホテルならではの味付けや盛り付けに工夫を凝らしています。これも高い評価をいただいている点です。調理スタッフが一生懸命努力している成果が、ブライダルや宴会といった空間に彩りを添え、皆さんからご愛顧をいただいております。

――料理に力を入れられていると、そこからブライダルや宴会などがきっかけになって、お客様になる方もいらっしゃいませんか。

大岩：そうですね。そういう意味では、料理をきっかけに幅広いお客様に来ていただいていることにつながっていると感じています。これからもお客様のニーズは多様化し変化していますから、その少し先のことができるようにしっかり勉強していかなければいけないと痛感しています。

――最近は外国からのお客様も多いとうかがっています。そんな中でホテルの役割がどのようにあるべきと考えておられますか。

大岩：ここ数年、インバウンドの影響で岡山でも外国人観光客は増加傾向です。他のホテルと違うところは、欧米からのお客様が多いという点です。しかも、団体客ではなく、小グループや個人のお客様が多くなっています。当ホテルはイギリスに本部があるためにヨーロッパからのお客様が多く、これは外資系ホテルならではのチェーンメリットであり、特徴と感じています。また、今年は瀬戸内国際芸術祭が開催されるので、さらに外国人観光客の方が増加することを期待しております。ご利用いただいた皆様に、岡山の良い印象を持って帰っていただくことが、我々の役割と考えています。

――岡山駅西一帯の地域について、どういう街づくりのビジョンをお持ちですか。

大岩：このホテルのあるリットシティビルは、たいへん交通アクセスに恵まれています。ＪＲ岡山駅から直結し

地消を合言葉に、味付けや盛り付けに工夫

ANAクラウンプラザホテル岡山の全景

贅沢な空間の広がるプレジデンシャルスイートルーム

ていますから、雨に濡れることなくコンベンションホールに入ることができます。そういった強みを生かしながら、国際会議や学会などのコンベンションの誘致を一層充実させていきたいと考えています。そして、岡山駅西口周辺のにぎわいづくりに貢献していきたいと思っています。

——今、目標にしていることを教えて下さい。

大岩：岡山駅の西口エリアの施設と一体化して連携を深めていき、「コンベンションタウン」という位置づけで、岡山の活性化につながる変化を起こしたいと考えています。

（2019年3月18日 放送）

大岩道典（おおいわ　みちのり）

ANAクラウンプラザホテル岡山オーナー

株式会社レイ代表取締役

昭和24（1949）年岡山県美作市生まれ。慶応義塾大学文学部卒業。株式会社丸井に入社後、昭和49（1974）年「岡山ニューステーションホテル」（㈱レイ」の前身）に入社。昭和56（1981）年「東京第一ホテル」のチェーン「第一イン岡山」開業に携わる。平成16（2004）年岡山市施工の再開発事業に伴い「第一イン岡山」ホテルを閉館し解体後、平成17（2005）年「岡山全日空ホテル」開業。平成27（2015）年岡山全日空ホテルを「ANAクラウンプラザホテル岡山」にリブランド。趣味はゴルフ。

〝グローバル展開をさらに加速させる〟

株式会社イノテック
岡﨑真之 代表取締役社長
岡山市

――夢をお聞かせください。

岡崎：イノベーションとハイテクノロジーの融合で、開発の段階から参加し、金型・鋳造・加工と原材料から製品まで一貫した新たな価値をつくり出す企業を目指します。

――産業用機械の部品などを設計・製造されていますが、どのような強みを持っておられますか。

開発設計から各種素材、機械加工までの一貫した生産体制を整える

岡崎：私どもは、農機具や産業用部品や各種開発案件など、特に偏ることなくさまざまな分野で、それぞれのフィールドで活躍されているお客様と取り組みをしています。社内に開発設計、金型設計製作、銑鉄鋳造やアルミダイカスト（金型鋳造）、砂型3Dプリンターなどの各種素材、機械加工までの一貫した生産体制を整えています。お客様から、どこにどのように使われるものかなどのお話をうかがったうえで、開発の段階から、形状や材質、作り方までも提案させていただいています。ご依頼をしていただければ、図面の製作から素材の選択や加工など一貫したものが完成品として納品できます。そこが、イノテックの1番の強みだと思います。

――開発の段階から参加されるというのは、どういうメリットがあるのでしょうか。

岡﨑：依頼されたものを依頼された通りに作るという従来のもの作りの場合、コストダウンなどいろんな提案をしようにも限界があります。開発の段階から相談いただくと、製品自体の形状や材質、その製造方法などを考えて一からつくることができ、品質や生産コストについてもその段階でベストな提案ができます。

――さまざまな分野で対応していくということは、多品種で小ロットになりますね。

岡﨑：大量生産では、私たち独自の創意工夫を生みにくいと考えています。お客様と開発の段階から参加させていただくことで、その製品がどこでどのように使われるのか、イニシャル・ランニングコスト（初期費用と維持費用）はどうかなどを考慮したうえで、従来の考え方とは異なる新たな提案をしています。私どもの社是は「新たなる価値の創造」です。全く違ったアプローチをすることで、大きなコストダウンができることもあり、そこで生まれる利益はお客様と分けさせていただいています。そういったキャッチボールができるお客様とタッグを組んで、共にWin-Winの関係を築いています。そういう考え方で取り組みをしているので、どうしても多品種小ロットになっていきます。

――それぞれの分野で専門知識を持った、新たな価値を生み出せる人材もいらっしゃるということですね。

岡﨑：そうです。もともとは鋳造から始めており、お客様のニーズに応じた金型づくりや加工をしてきました。大量生産でずっと決まったロットを流していけば、毎月の安定的な売上があったかもしれません。あえてそうはせずに、常に新しいものに果敢にチャレンジしてきました。そうしてきたことで、鋳造から加工や金型など、さまざまな分野で人材が育ってきました。難しいものをやり続けてきたことで、困難なものに取り組む姿勢とノウハウをたくさん持っています。そうした積み重ねをしてきたことで、この会社が育ってきたのだと思います。これからはＩｏＴやＡＩが導入されて変化をしていきます。そういった変化を受け入れながら、その先に進めて行きたいと考えています。

――海外の会社との取り引きも多いと聞いています。

岡﨑：日本はこれから人口が減少し、市場は縮小していくと考えられます。これから先、この会社をさらに発展させていくためには、グローバル展開は欠かせないと思っています。私どもは中国に30年前から進出して、中国

さまざまな分野で人材が育ち、困難なものに取り組む姿勢とノウハウを蓄積

工場内の加工部

本社社屋

での人材を育成しながら優秀な人を採用し、中国に根差しながら成長してきました。その中国をベースに、欧米への輸出もしています。これからは会長の長年の夢であったアメリカへの進出の準備を進めています。グローバルな展開なくしては、生き残ってはいけないと思っています。

――これからの方針をお聞かせください。

岡﨑：当社は「やらにゃあいけんじゃろ」という精神を大切にしています。岡山市東区西大寺川口にできた新工場の一貫体制をさらなる強みにして、グローバル展開をさらに加速させ、国内、海外で活躍できる総合ものづくり企業を目指していきます。

（2019年3月25日 放送）

岡﨑真之（おかざき　まさゆき）
株式会社イノテック代表取締役社長
昭和51（1976）年岡山市生まれ。関西高等学校卒業。平成8（1996）年イノテック入社後、平成9（1997）年より経営不振の株式会社カネミツ（奈良県御所市）に出向し、社長室長に就任し会社再建に尽力。平成17（2005）年にイノテックに戻り専務取締役に就任。平成22（2010）年中国河南省鄭州市にある100％独資の中国工場董事長に就任。平成31（2019）年3月に代表取締役社長に就任。趣味はマラソン、演劇。

〝地元のフルーツを使ったメニューを中心に提供〟

岡山市

岡山県青果物販売株式会社
大西直規 グループ代表取締役社長

――夢をお聞かせ下さい。

大西：地元素材の多様な商品性を高めて、新しい商品を開発していくことです。

――岡山のフルーツを使ったスイーツブランド「おかやま桃子」をグループで製造・販売されていますね。倉敷美観地区にオープンした「くらしき桃子総本店」の魅力をご紹介ください。

大西：倉敷の芸術に合うような格調高いカフェスペースを作って、ご満足いただけるような商品を取りそろえていこうと考えています。西洋アンティークのエミール・ガレの作品を置き、生誕100年を迎えた藤田嗣治のデッサンも展示しています。これらの作品を見ることによって、カフェと芸術とを味わっていただければと思っています。

旬の果実をどう商品化し、長く食べてもらえるかがテーマ

――美術館の中でおいしい物をいただいているような、ぜいたくな空間ですね。メニューにはどういった特徴がありますか。

大西：地元で採れたフルーツなど、地元素材を使ったメニューを中心に提供しています。パフェやアイスクリーム、ジュレといった商品が多いですね。最近開発した「おかやまフルーツタルト」という商品があります。このフ

ルーツタルトは、コンフィチュールタルトです。

――そのおかやまフルーツタルトについて詳しくご紹介下さい。

大西：このフルーツタルトには4種類の果実を使っています。白石島のマルベリー（桑の実）、シャインマスカット、清水白桃、ニューピオーネといった4種類のフルーツを使っています。この4つの果実をきちんと味わってほしいと思います。果実には旬がありますので、その旬を商品としてどのように多様化させて長く食べてもらえるかがテーマでした。コンフィチュールのタルトに仕上げることができたので、お客さまに長く食べてもらえると思っています。こういった商品の開発をしていくことが、我々の使命だと考えています。

――そういった商品ができると、生産者の方も喜ばれますね。こういう仕事を通じて、地域にどうなってほしいとお考えですか。

大西：生産者の皆さんには、商品を通じて元気を出していただきたいですね。メーカーによって果実がいろんな商品に変わっていくことは、生産者の方々は喜んでくれていると思います。我々のような生産者を支えるメーカーがいることによって、安心してたくさん作ってもらうことが理想ですね。若手の方が地元に戻ってくるとかで、農業に取り組んでくれるようになったらよいなと思います。

――農家の担い手の問題にとっても、よい作用があるでしょうね。

大西：今の農業は高齢者が主たる担い手になっています。そこに若い方が新規に就農されたりUターンで帰農されたりするなどして、一緒に取り組んでほしいと思います。そういったところにも、我々の仕事が役に立てばよいなと思います。また、我々は過疎地とか離島での商品開発や素材を大事にしています。今まで誰も見向きもしなかった地域の農産物に着目して、新しい商品を開発していこうと考えています。

――美観地区には、海外の方も増えてきているようですね。

大西：広島の宮島には、モンサンミシェルとの対比でフランスの観光客が増えているらしく、その流れで倉敷に来られている方も多いようです。それまではアジア系の方が多かったのですが、最近は欧州からの方が多く見受

従業員の心のこもったおもてなしを心掛け、魅力ある空間に

季節のフルーツをふんだんに使ったフルーツパフェ

くらしき桃子総本店

けられます。海外からのお客様にも「美観地区に来てよかったな」「桃子の店に入ってよかった」と言われるようなお店にしたいと思います。それには、従業員の心のこもった接客、おもてなしを心掛け、地元素材を味わって倉敷を楽しんでいただきたいと思います。

――今後の展望をお聞かせください。

大西：店舗は拡大していこうと思っていますし、商品は海外も視野に入れて輸出をしていきたいと考えています。我々は岡山産の素材を使った商品づくりしかしていませんから、商品を食べてその商品の魅力を感じて、「岡山に来てみたい」と思わせる商品力のあるメニューを開発していこうと思っています。

（2019年4月15日 放送）

大西直規（おおにし　なおき）

岡山県青果物販売株式会社グループ代表取締役
昭和31（1956）年福岡県生まれ（本籍地岡山県）。東京経済大学卒業後、昭和54（1979）年岡山県経済連入会、平成13（2001）年岡山県青果物販売株式会社創業。平成21（2009）年株式会社フルーツ・ジャパン創業、平成24（2012）年岡山県農産食品加工創業、平成25（2013）年株式会社フルベジファクトリー創業（農業生産法人）。平成24（2012）年ニッポン新事業創出大賞優秀賞受賞。平成25（2013）年ジャパンベンチャーアワード中小機構理事長賞受賞。

〝「家計の健康」「体の健康」「地球の環境」を目指す〟

岡山市

株式会社ヘルシーホーム

河井敏宏 代表取締役社長

――夢をお聞かせ下さい。

河井：笑顔がいっぱいになるような家づくりを手がけていくことです。

――岡山・倉敷を中心に木造住宅やソーラーハウスの施工・販売などをされていますね。どんなコンセプトで家づくりをされていますか。

〝暮らし方〟を提案できる会社に

河井：私たちは「ヘルシーホーム」という社名の通り、お客様に健康的な暮らしをしていただきたいと考えています。家は、安心して暮らせるということが重要です。構造が良いとか断熱性に優れていることはもちろん重要なことと考えています。さらに私たちは「暮らし」を提案していきたいと考えています。その一つは「家計の健康」ということです。ローンの返済が無理な金額になると、食費や教育費、趣味のお金を削っていくことになります。無理のない支払いにして、お客様のライフスタイルを楽しんでいただきたいのです。

二つ目が「体の健康」です。病気にならないように気をつけた家づくりです。例えば「断熱性能」を高めて施工すると、風邪を引きにくくなったり、快適に過ごせたりすることにつながるのではないでしょうか。さらに、光触媒の効果が期待される床や、お風呂には微細な気泡で通常より汚れが落ちやすいマイクロバブルバスをお勧めしています。

こうした体や心の健康の問題を解決していける提案をしていくことが大切ではないかと考えています。

三つ目が「地球の環境」です。長く暮らせて耐震性の高いしっかりした家であるとか、断熱性能を高めて無駄なエネルギーを使わないようにするZEH（ゼッチ、ネット・ゼロ・エネルギー・ハウス）の実現を目指しています。自然エネルギーを活用していくためには、「太陽光発電」を標準装備にしていきたいと考えています。

――人と地球の健康を理念にして、提案をされているのですね。

河井：私たちは、今までに岡山にないサービスを早く提供してきたいと思っています。そのために全国いろいろな所に出向いて成功事例を調査しながら、本当によいものを岡山で提案していきます。今までは構造や性能やデザインでそれぞれの住宅会社が競い合い高めてきましたが、今後は「暮らし方」という面からご提案できる会社でなければならないと考えます。

――若い世代の方も、たくさん御社で家を建てられていますね。

河井：20代から家づくりを始められる方もおられますか

ら、その人たちに合った家づくりのサポートをしています。家のローンに苦しまない家ということが、大切だと思います。お客さま目線に立って、お客さまにとってどの金融機関のプランが一番得なのかを提案していけるようお手伝いをしています。私たちのやりがいは、お引渡しの時にすごく笑顔をいただけることにあります。そしてその後も「本当に建ててよかった」とか「こういう暮らしをしています」などの声をいただけることにあります。そしてお付き合いができることが、私たち社員の大きな喜びにもなっています。人生100年といわれています。そのために、住宅会社としても、お客様に健康的に暮らしていただき、人生をエスコートするような家づくりが必要になってくると考えています。

——創業40年ということですが、どのような変遷があるのでしょうか。

河井：元は建材のサッシメーカーでした。サッシを住宅会社に売っていく中で、あまりにも家が高価すぎると感じていました。また、土地がないと家は建ちませんから、不動産もたいへん大切だなと思い、土地のことも提案できる住宅会社「ヘルシーホーム」を立ち上げました。最初は自然素材とか太陽光ということを高めて、「地球の健

人生100年時代、人生をエスコートできるハウスメーカに

ヘルシーホームの住宅ブランド「ハロウス」

ヘルシーホーム岡山西住宅展示場

康」ということを中心に考えていました。それから次第に家づくりのノウハウもできたので、価格を安く提案できるような形に変えて運営しています。

――これからの家づくりを、どのようにしていきたいと考えですか。

河井：一番は、お客様の笑顔がいっぱいの家づくりをしたいと思っています。家づくりを楽しんでいただくために、お金や土地や税金のことなどはわれわれ住宅会社にすべて任せていただき、お客さまは間取りとかデザインとか実際にどういう暮らしをしたいのかに集中して相談できるような環境を整える必要があると思っています。我々住宅会社が痒いところに手が届くお手伝いをして、本当によいものを岡山に提供できたらと思います。

（2019年4月22日 放送）

河井敏宏（かわい　としひろ）

株式会社ヘルシーホーム代表取締役社長
昭和55（1980）年香川県丸亀市生まれ。平成13（2001）年株式会社ヘルシーホーム入社。平成27（2015）年代表取締役社長。平成28（2016）年住宅関連の株式会社LIVNEX執行役員。平成31（2019）年岡山ハウスデザイン（工務店協会）理事長。平成28（2016）年に、中国・四国地域着工棟数No.1を達成（株式会社住宅産業研究所調べ）。愛犬家。宅地建物取引士。

〝機械化をせず、一枚一枚の手焼きにこだわる〟

株式会社宗家くつわ堂
田村照夫 代表取締役社長
高松市

――夢をお聞かせ下さい。

田村：お菓子を通して香川の魅力を発信していくことです。

――讃岐名物の瓦せんべいを中心に、和菓子や洋菓子を製造販売されていますね。まず瓦せんべいの魅力を教えて下さい。

田村：主力製品である瓦せんべいは、昔より全国に名高い和三盆の原料糖「白下糖」を使い、一枚一枚手焼きした堅焼きのせんべいです。白下糖は普通の白砂糖と比べて後味がスッキリしているのが特徴です。うどんのように水分の少ない生地を延ばし、それを鉄板の上で焼き上げるという製法は、当社だけのものです。機械化を検討したこともあるのですが、機械ではあの味と食感を出すのが難しく、以来、この手焼きを続けています。この製法は、後世に伝えていかなければならないものだと考えています。

パッケージや焼き印のデザイン開発で購買層を拡大

――職人さんはどういう気持ちで仕事に向き合っておられるのでしょうか。

田村：1日に相当数のせんべいを焼き上げます。お客さんにおいしく食べていただけるよう、一枚一枚心を込めて丁寧に焼いています。1工程は20分程度の作業で、時間内にうまくひっくり返すことができないと焦げてしま

ったり、焼き印がきれいに押せなかったりしますから、そこには経験が必要になってきます。

――新しい試みもされていると聞いています。

田村：今年は4回目の瀬戸内国際芸術祭が開催されます。今や香川県や瀬戸内海は、海外から注目されるようになりました。瀬戸内国際芸術祭が2回目のときに、キプロス島のデザイナーにデザインしてもらった瓦せんべいとか、サンリオとコラボして「ハローキティ瓦せんべい」を販売して、たいへん好評をいただいています。

――そうした新商品の展開で、海外の方をはじめ、若い方などに購買層を広げているのでしょうね。

田村：そうです。その他にも、香川大学実践型インターンシップでパッケージのデザインと商品名を大学生に一緒に考えてもらった商品もあります。これは「瓦せんべい　瀬戸内めぐり」というもので、高松城（玉藻城）と女木島の鬼、男木島のネコの足跡、小豆島のオリーブをイメージした絵柄を焼き印とすり蜜で描いたものを詰め合わせています。

――これらの商品をどのように楽しんでもらいたいです

か。

田村：香川県や瀬戸内海を訪れていろいろな島を巡って楽しんでいただき、良い思い出と一緒にお土産として持ち帰っていただければと思っています。最近では、オリジナルの焼き印の瓦せんべいをつくっていただける法人や団体の方が増えました。例えば、年末年始用の「干支せんべい」とか、金比羅歌舞伎の時の「こんぴーくん小瓦せんべい」、高松城の来園記念オリジナル瓦せんべいとして高松城とキャラクター「たまもん」の焼き印が入った商品もあります。また、海外に行く際の手土産として、瓦せんべいを利用していただくこともあります。

――香川はいま大変に海外の方が増えているそうですね。

田村：昨年に高松空港が民営化され、香川県は海外向けのPRをしっかりしていますので、街中でも海外の方をよく見掛けるようになってきています。

――今年はどんなふうになると予想されていますか。

田村：瀬戸内芸術祭は3年に1回行われ、1年を通して開催されますから、そういったイベントの時には県外の方をはじめ海外の方もたくさん来ていただけるので、楽しみにしています。

オリジナルの焼き印せんべいが引き出物に好評

瓦せんべい

――その人たちにどのようにアピールしていこうとお考えですか。

田村：瀬戸内海の景色もきれいですし、香川県のいろいろな所を回っていただいて、香川の魅力を堪能していただきたいと思います。

――香川ならではの瓦せんべいを、海外の方にどのようにアピールしたいとお考えでしょうか。

田村：焼き印を使っていろいろ表現していますし、キティちゃんは海外の方にも人気なので、しっかりＰＲできればと思っています。

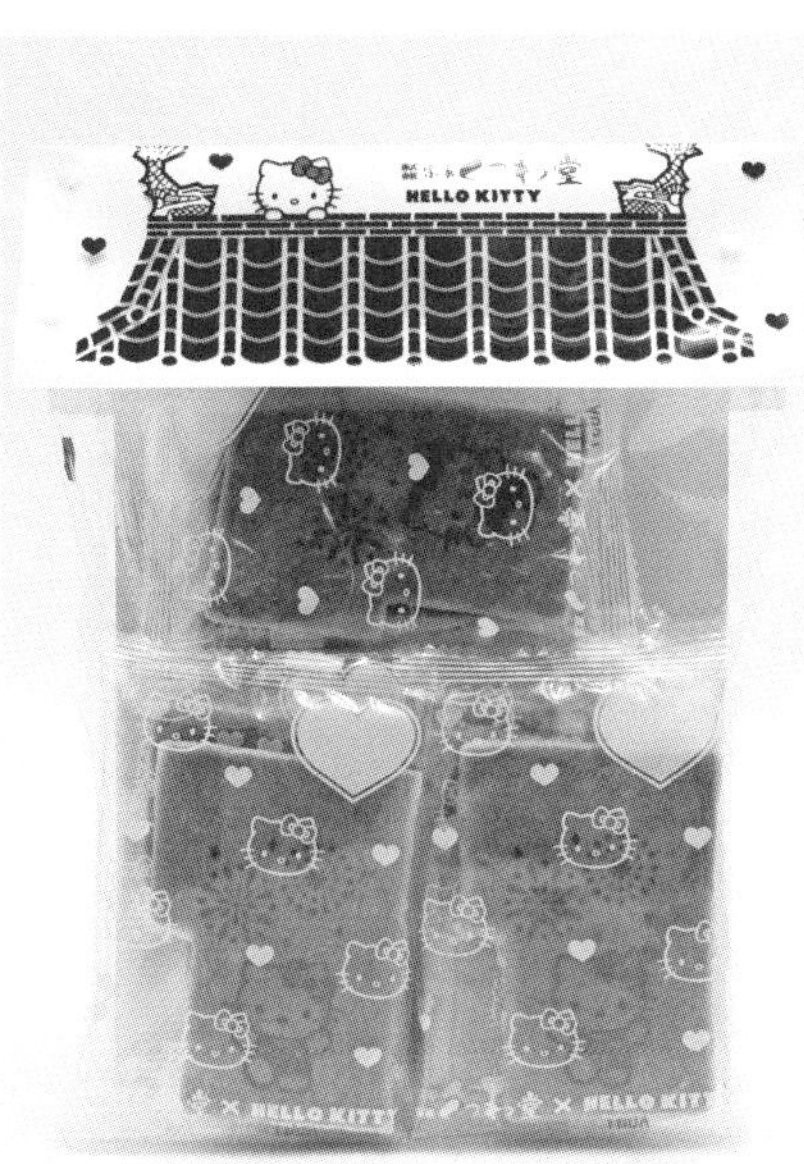

ハローキティ瓦せんべい

――新しい元号「令和」の文字の入ったせんべいも発売されたとか。

田村：そうです。新しい元号が「令和」に決まり、「令和」の時代が皆さんにとって平和で希望の持てる時代になってほしいと願い、「令和」の文字の入った瓦せんべいをつくりました。皆さんと共に、新しい時代を作っていければと考えています。

――今後の展望をお聞かせ下さい。

田村：香川の観光に携わる方々と協力しながら、地域の魅力を情報発信していきたいと思っています。国内外を問わず多くの方々に香川に来ていただき、地元の良さを堪能していただければと思っています。そして、微力ではありますが、香川の発展に貢献したいと考えています。

（２０１９年５月６日 放送）

田村照夫（たむら　てるお）

株式会社宗家くつわ堂代表取締役社長

昭和37（１９６２）年香川県高松市生まれ。近畿大学商経学部卒業。昭和60（１９８５）年株式会社エヌジェーケーに入社。情報機器ネットワークシステムを販売。平成16（２００４）年退職。同年親族の経営する株式会社宗家くつわ堂に入社。平成21（２００９）年常務取締役総務部長を経て、平成23（２０１１）年代表取締役社長に就任。

"グループホームや認知症に特化した介護事業を展開"

岡山市

株式会社桜梅桃里

日笠光生 代表取締役

――夢をお聞かせ下さい。

日笠：誰もが健康で長寿、そして穏やかに生活できる社会を目指していきたいと思います。

――岡山県内で8カ所のグループホームを運営し、住宅型有料老人ホームも展開されていますね。どんな思いで取り組んでおられますか。

日笠：「桜梅桃里」という社名は中国の漢文からとったもので、誰もが認め合い尊敬し合うという意味があります。その思いを酌んで、誰もが認め合い、グループホームの利用者を受け入れながらチームケアを行っていこうと、2005年に介護事業をスタートさせました。

――施設のサービスには、どんな特徴があるのですか。

日笠：これからは認知症の高齢者がますます増えると言われています。認知症になっても安心して地域で生活でき、ご家族も安心できるような施設を目指して、認知症の方の介護に特化した事業を展開しているところです。この施設では、認知症の高齢者の方には医療面からの支援が必要ですので、認知症専門医である叔父の医療機関とタッグを組んで医療と介護の両方を組み合わせて、より良い介護サービスを提供していこうと考えています。例えば、遠隔地

遠方の施設でもモニターで見ながら診療が可能

にある事業所ともテレビ電話でつないで病院と事業所が双方向に通話できるようにしており、スタッフから入居者の方の状況を聞き、遠方の施設でも入居者の方の表情をモニターで見ながら診療ができる体制をとっています。今は岡山県内で8カ所でグループホームを運営していますが、今後はさらにサービスの質の向上に努めながら、施設が足りない東京23区内などにも施設を増やしていきたいと考えています。

――海外への展開も考えられておられるそうですね。

日笠：2018年にベトナムで日系企業初の老人ホームを開設しました。ベトナムのお年寄りの方も我々の施設に注目してくれており、ベトナムに介護事業所を増やしていく計画でいます。ベトナムでの開設のきっかけは、今から約7年前に私が初めてベトナムを訪問したとき、ベトナムには病院はあるけれども介護施設がなく、介護という概念がないことを知ったことからでした。そんな中で医療現場に行ってみると、認知症のお年寄りが苛酷な生活を送っていたのを目にして、我々の持っているサービスがベトナムで生かせるのではないかと考えました。

――ベトナム第1号の施設は、手応えをどのように

感じておられますか。

日笠：この施設はベトナムの南東部に位置するビンズオン省にあります。首都ハノイの役所の方もこの施設の視察に来られ、介護事業に高い関心と期待をしていただいています。また、海外で生活しているベトナム人の方から、ご両親などのお年寄りの入所についての問い合わせを多数いただいている状況です。

フィットネス事業と合わせて、健康づくりを提案

ベトナム介護事業所

――フィットネス事業にも取り組んでおられますね。

日笠：今まで10年以上、介護施設だけを運営してきました。その中で誰もが穏やかに健康で生活してもらいたいという思いを持ってきました。健康で穏やかに生活していくという観点から考えても、フィットネスでの健康づくりも同じことだと考えるようになりました。このフィットネスにはアメリカの最新のマシーンを導入して、24時間365日、いつでも施設を利用できます。この事業は現在、岡山や東京、愛知で運営していますが、その他の県にも増やしていきたいと考えています。

――そのフィットネス事業には、どんな展望をお持ちですか。

日笠：健康づくりのための運動は、普段から心掛けなけ

桃梅桃里の介護施設

ればできないことで、運動をしないでいると体はどんどん衰えてしまいます。フィットネスを利用していただくことは、介護の予防にもなります。このフィットネスを活用いただいて、生涯を通じて健康で穏やかな生活を送っていただきたいのです。

――今後、どんな社会を目指しておられるのでしょうか。

日笠：介護事業とフィットネス事業を通じて、そこに来てくださるお客さま一人ひとりに幸せになっていただきたいのです。そして皆さんが健康で長寿になり、お互いが尊敬し認め合う社会を築いていけるように頑張っていきたいと思います。

（2019年5月13日 放送）

日笠光生（ひかさ　みつお）

株式会社桜梅桃里代表取締役
昭和53（1978）年岡山市生まれ。創価大学経営学部経営学科卒業。平成13（2001）年株式会社すかいらーく入社後、平成17（2005）年株式会社桜梅桃里設立。平成17（2005）年株式会社桜梅桃里取締役副社長就任、平成29（2017）年株式会社桜梅桃里代表取締役就任。（公）日本認知症グループホーム協会岡山県支部代議員／理事。私立岡山学芸館高等学校同窓会会長。ジャパンロータス有限会社（ベトナム）取締役。社会福祉法人桜楽会評議委員。

〝少ないエネルギーで温熱環境に優れた建物を開発〟

株式会社コスミック・ガーデン
藤井好雄 代表取締役
岡山市

―夢をお聞かせ下さい。

藤井：心身ともに癒やされる美しい住宅を、科学的な検証に基づいてつくっていきたいと思います。

―住宅を設計・施工されておられますが、どのような家づくりを目指していますか。

藤井：日本の住宅には、地震があっても破損しない堅牢な住宅構造が必要だと思っています。建物の耐久性と同時に、メンテナンスにかかる経済性を考えていくことも重要です。そのうえで部屋と部屋との温度差が少ない「温熱環境」を整えることを目指しています。このことによって、ヒートショックによる健康被害を少なくしようとしています。そのために家全体を温かくして、部屋と部屋との温度差を3度以内、天井と床面の温度差が1度以内という温熱環境に優れた建物を、少ないエネルギーでつくるという技術を開発しました。それを弊社の住宅で標準化しています。

自社考案の外壁材 「ツィーゲル」はメンテナンスフリー

―それはどのようなものなのでしょうか。

藤井：基本的には断熱して、室内の温熱環境を良くすることです。また、すき間が多いと冷たい空気が中に入り、いくら暖房しても温かい空気が逃げてしまうので、すき間のない家をつくることも重要になってきます。これには職人さんの技術や気構え

が必要で、住宅の品質と建物の気密性能がリンクしているところです。

――温度差のない室内にされようとしているのですね。

藤井：寒いとか暑いというのはストレスになるので、その負担を取り除きたいと考えています。部屋の空気がいくら暖かくても床とか天井の温度が冷たいと、すなわち表面温度が冷たくては、基礎体温が下がることにもなりかねません。予防医療の観点からも、家づくりを考える必要があると思っています。

――建物の外壁がとてもきれいですね。

藤井：住宅の外壁は年数が経つと、色があせたり防水性能が落ちたりするので、表面を再塗装する必要が出てきます。外的要因で割れなければ再塗装も要らなくて、経年によって味わいの出る外壁を使いたいと思い、世界中から素材を探したのですが、見つからなくて自分たちでつくりました。

――自社で考案した外壁なんですね。具体的にどんなものなのですか。

藤井：この外壁「ツィーゲル」は複雑な形状をしていて、

外壁に引っ掛けて止めていきます。雨がかかると水は溝に沿って流れ出るため、中に入り込まない水返しの構造になっています。施工の際に、目地を入れる必要もありません。目地があると、その目地が劣化する可能性があるのですが、目地の補修が要らないのでメンテナンスフリーです。また、素材自体がセラミックで無機系の素材ですから耐久性があり、色は釉薬で好みの色にすることができます。

――内装もすてきですね。

藤井：建物はハード面だけでなく、中に入ったときに癒やされるとか美しいと思える空間でなければいけないと思っています。壁紙などもなるべく自然な素材で内部を構成したいので、オリジナルの壁紙もつくっています。

――床や建具にもこだわるとお聞きしています……。

藤井：なるべく無垢の木を使うようにしています。ただ、木自体にかなり匂いがあるので、素材によってはその木が持っている匂いでアレルギーを発生するケースもありますから、建材自体をよく選んで、どれだけの量を使うかを考慮しなければいけません。

子どもの能力を高める空間を持つ住宅を目指す

外壁材「ツィーゲル」を使用した施工例

――家はさらに進化していくとお考えですか。

藤井：新しいことをやれば、次から次へと課題ができてきます。それらを克服しよりよいものをつくっていくというのが、面白いですし、進化していく余地は十分にあると思います。

温度差がなく上質な素材に囲まれた心地よい室内空間

――もっとこういうものを実現していきたいというものが、ありますか。

藤井：病気を治せるような空間構成ができないものだろうかと考えてます。そのためには「部屋の空気の質」が大事で、温度・湿度だけでなく、二酸化炭素濃度やそれ以外の微量な分子が人間の体にどういった影響を及ぼしているかを考えなくてはいけません。

――これから家づくりにどんな理想をお持ちですか。

藤井：子どもの能力を高めることができる空間を持つ住宅をつくってみたいと考えています。そして、外壁「ツィーゲル」を世界に供給することによって美しい町並みができ、そのことによって人と住宅との調和した世界が広がっていくことに寄与できればと思っています。

（2019年5月27日 放送）

藤井好雄（ふじい　よしお）

株式会社コスミック・ガーデン代表取締役

昭和31（1956）年岡山市生まれ。日本大学文理学部物理学科卒業後、昭和55（1980）年親喜ナショナル住宅株式会社、株式会社富士住建、カナダホーム株式会社を経て、平成9（1997）年株式会社コスミック・ガーデン設立。平成14（2002）年に同社代表取締役に就任。趣味は美術・工芸品の収集。

〝商品の機能や使い方を、分かりやすく伝えること〟

株式会社プロツアー・スポーツ
草野行浩 代表取締役社長
岡山市

――夢をお聞かせ下さい。

草野：ゴルフを生涯スポーツとしてとらえて、ゴルフの発展に努めていきたいと思います。

――ゴルフ用品の販売をされている中で、どんな接客を心がけていますか。

草野：私たちはゴルフの専門店です。ゴルフクラブやウェア、シューズなど様々な商品があり、最新の機能を備えています。それらの機能の特徴や使い方などを、できるだけ分かりやすくお伝えすることが、私たちの使命だと考えています。専門的な知識を持ってより深く商品の説明をして、お客様にご満足いただける商品の提案を心がけています。

――最近は機能性の高い新商品が登場しているようですね。

草野：健康をテーマにした商品や、温暖化による暑さ対策の機能を持った商品がたくさん出ています。注目されているのは、吸汗速乾のウェアや距離を計測できるGPS機能のついた測定器です。この測定器は、キャディーさんのいないプレーが増えているので人気です。

イベントを通じて、ゴルフ場に足を運んでもらいたい

――ゴルフの魅力についてお聞かせください。

草野：ゴルフは同じ場所で、たくさんの年代の方がプレーできるところが魅力で、自然の中を歩いてプレーするのが醍醐味だと思います。ゴルフは、歩くことやコミュニケーションすること、数を数えることをするスポーツですから、認知症の予防に効果が期待されるともいわれています。ゴルフが認知症の予防に関係がありそうだということで、先日、あるゴルフ場でウォーキングイベントを開催しました。ご夫婦やご家族など、ゴルフをされない多くの方の来場があり、楽しまれていました。ゴルフ場の方も、日ごろ来られない方に来ていただいたと喜ばれていました。

――ゴルフをしたことのない方が、ゴルフ場に興味を持たれたのでしょうか。

草野：そうです。ゴルフ場はプレーをする場所と思っていた方にとって、ゴルフ場内でのウォーキングはたいへん新鮮だったようです。ゴルフ場はいろいろなイベントを開催できる場所だという柔軟な発想をすることで、今後もゴルフ場に足を運んでいただける機会をつくっていけると考えています。

――参加者からはどんな感想が？

草野：「ゴルフ場は芝の手入れがよくされていて美しく、いろいろな花が咲いている」などの感想もたくさんいただきました。山に隣接しているゴルフ場が多いので、豊かな自然を見たり、眺望の良さを楽しんだりしていただけると思っています。

――ゴルフ場側からの反応はいかがでしたか。

草野：すぐ予約がいっぱいになったので、急いでスタッフを増員したようです。反響の大きさは「予想外だった」という意見がありました。ぜひ次もやりたいといわれています。

――ゴルフ場にとってもメリットがあったのですね。

草野：地域の方との接点ができたというのが一番良かったところだと思いますし、ゴルフ場で食事をするなど施設を利用してもらうことは、ゴルフ場にとっても価値のあるイベントになっていると思います。また、ゴルフ場をメンテナンスしている人にとっても、整備したゴルフ場を見てもらう機会ですから、とても意義のあることだと思います。

――ゴルフというスポーツもゴルフ場も、様々な年齢層

ゴルフ場と連携し「生涯スポーツ」として普及させたい

岡山店ウエアコーナー

株式会社プロツアー・スポーツ岡山店

の方がいろいろな楽しみ方ができるということですね。

草野：ゴルフはスコアだけが重視されがちですが、アマチュアゴルファーにとってゴルフ場に行って遊ぶということが一番だと思います。私たちはいろいろなゴルフの在り方を提案する責務があると考えています。今までの慣習にとらわれずに、ゴルフに対して柔軟に考えを持ち、競技としてだけでなく「生涯スポーツ」という位置づけで取り組み、ゴルフ場と連携した企画を考えたいと思っています。

——今後はどんな存在でありたいとお考えですか。

草野：岡山はゴルフ場の環境がたいへんよいのが特徴です。地域のゴルフ場と連携しながら、ゴルファーの方はもちろん、一般の方にもゴルフ場へ足を運んでもらって、健康づくりのイベントなども企画して行きたいと思います。そうしたことをすることで、ゴルフ業界の発展や活性化に貢献できる企業でありたいと考えています。

（2019年6月3日 放送）

草野行浩（くさの　ゆきひろ）
株式会社プロツアー・スポーツ代表取締役社長
昭和48（1973）年岡山市生まれ。京都産業大学経営学部卒。平成10（1998）年同社新規事業立ち上げを機に入社。改革推進統括部長などを経て、平成21（2009）年同社専務取締役、平成29（2017）年代表取締役社長に就任。

〝手延べ麺には歴史に裏打ちされた良さがある〟

浅口郡里庄町

岡山手延素麺株式会社
横山順二 代表取締役社長

――夢をお聞かせ下さい。

横山：時代の変化に応じて手延べ麺づくりをしたいと思います。

――うどんや素麺などを製造販売されていますが、手延べの麺とはどのようなものですか。

横山：手延べの麺づくりは、小麦粉のグルテンの性質を生かして、寝かして延ばして寝かして延ばしてを繰り返した麺です。一つの工程が終わったら休ませ、また延ばすことが基本になります。麺に含まれるグルテンは竹のように縦にそろっているので、たいへん食感が滑らかで、コシのある麺になります。

――手延べならではの味わいがありますよね。

横山：江戸時代から変わらずつくり続けているので、夏の風物詩といえる食材になっています。ただ、調理をするうえで、ゆでるという一手間が必要です。最近では「簡単・簡便さ」が求められ、消費量が減ってきているのが現状です。

他メーカとのコラボレーションで新しい分野を切り拓いく

――伝統的な麺づくりを続けていることを、どのように感じていますか。

横山：私自身は冷凍麺やカップ麺、袋麺、機械麺などい

ろいろな麺をつくってきました。そのうえで最後に残ったものが、地元の自分の身の丈に合った、この手延べ麺だと考えています。それに、この地域は江戸時代中期から麺づくりの産地として続いており、その中で最後に残ったのが手延べ麺だと思っています。手延べの麺には、歴史に裏打ちされたものの良さがあると感じています。地場産業としての技術と麺をうまく使って、次の発展につないでいきたいと思っています。

――どうしてこの地域は麺づくりが盛んだったのですか。

横山：昔からこの周辺は良い小麦が採れる産地でした。瀬戸内沿岸であるために塩が豊富にありました。小麦と塩が手に入りやすいことから、この地域が自然に麺の産地となりました。そんな中で、特に手延べうどんが日本でも多く生産されている地域です。香川県では手打ちうどんの産地で、兵庫県は素麺の産地です。やはり瀬戸内の気候・風土が、麺づくりに合っているのだと思います。

――水も良いのでしょうね。

横山：この地域の水は遥照山系のものです。この周辺には造り酒屋があるくらいですから、伏流水の良い水が得られる証しだと思います。

――その手延べ素麺を、これからはどのように発展させていこうとお考えですか。

横山：世の中の流れが、「簡単・簡便」なものへと変わっています。独身の方も増えています。そういった嗜好やライフスタイルに合わせられるような麺製品に転換していきたいと思っています。例えば、今は麺の長さを短くして、片手鍋でゆでられるようにしたり、袋麺のようにスープを入れると3分で出来上がるような麺にしたりしています。最近は健康志向の方が多いので、いろいろな素材を加えて食べやすくした麺など、現在も試行錯誤を続けています。

――麺を短くした商品があるのですね。

横山：今までの素麺の長さは19センチ、うどんは25センチでした。それを12・5センチの麺にした商品をつくりました。ちょうど片手鍋に入る長さにしています。麺を短くした理由は、歳をとると吸い込む力が弱くなるために、「麺を半分に折って食べている」というアンケートの回答があったからです。これを時代の流れととらえて、お年寄りなどの吸い込む力の弱い方に向けた商品をつくれば、消費量が増えるのではないかと考えて開発しました。

現在はその短い麺に力を入れています。

――その反響はどのように感じておられますか。

横山：現在、この短い麺は通信販売とカタログ販売、そして一般市場で販売しています。その中で、商品について説明できる通信販売では、主力商品となっています。

――短い麺はお子さまにも良いのではないでしょうか。

横山：この短い麺は、お年寄りとお子さま向けであると考えています。麺が短いと、いろいろな具材と混ざりやすくなることや、食べるときつゆが飛び散りにくいなどのメリットがあります。お母さま方にも、子どもにうってつけの麺と好評です。いろいろと試行錯誤して、新しい商品を開発していこうとしているところです。

新商品の短い麺は、商品に説明ができる通信販売で主力に

――これからの食文化や食生活は、どんなふうに変わっていくとお考えですか。

横山：予想がつかない面がありますね。私がこの仕事を始めた頃は、冷凍麺はありませんでした。フリーズドライは当時、医薬品やインスタントコーヒー、宇宙食が知られていたぐらいです。わが社の先代が麺に応用し、特

岡山手延素麺株式会社本社

許を取りました。フリーズドライの商品に限っても、新しい食材の商品が次々にできています。ですから、新しい情報を早くキャッチして、世の中の流れに合わせた新商品の開発に取り組んでいきたいと思っています。

——今後の展望をお聞かせ下さい。

横山：麺づくりは、この地域とは切っても切れない大切な地場の産業です。私もここで育っていますし、技術の蓄積もできています。食べてみればわかりますが、手延べの麺は他の麺とは違った良さがあります。麺づくりのいろいろな要素をポテンシャルとして持っている地域ですから、そこをうまく発展させていきたいと考えています。将来的には、いろんなメーカーとのコラボレーションで新しい分野を切り拓いて、常に半歩先の商品をお客様に提案できるような企業になりたいと思っています。

（2019年6月10日 放送）

横山順二（よこやま　じゅんじ）
岡山手延素麺株式会社代表取締役社長
昭和29（1954）年生まれ。岡山大学農学部農芸化学科卒業。昭和52（1977）年広島県庁入庁。昭和56（1981）年株式会社横山製麺工場入社。昭和58（1983）年岡山手延素麺株式会社取締役就任。昭和60（1985）年代表取締役社長就任。趣味は釣り。

〝「スマート農業」を推進し、地域の農業に貢献〟

岡山市

有限会社国定農産
国定 豪 代表取締役社長

――夢をお聞かせ下さい。

国定：最先端の農業で地域に貢献していきたいです。

――米や麦の栽培、加工、販売などをされていますが、御社にはどんな特色がありますか。

国定：約１５０ヘクタールの農地で、大型農業機械などを使った効率の良い農業に取り組んでいます。この岡山市南区藤田は広大な干拓地で、田んぼを耕作してきました。ところが近年になって高齢化や後継者の問題などで農業をやめる農家が増えており、そうした方の耕作依頼が増え、農地が拡大できています。そうした環境が「追い風」となっています。また、この地域にはわが社と同じような形で農業をされている方も数名おられ、そうした仲間と共に地域を守っていく役割も担っています。

後継者問題で農業をやめる農家が増え、農地を拡大

――「追い風」という状況なのですね。

国定：現在の農業は個人では成り立ちにくいという社会的な背景があり、私たちは作り手がいなくなった田んぼをお借りして、それを耕作して成り立っている会社です。耕作地の拡大化は比較的スムーズに進んでいます。それを「追い風」ととらえています。大規模化することで、機械への投資や省力化もできます。

──若い方が生きがいを持って働くために、どんな工夫をされていますか。

国定：播種作業でも、省力化できる機械を導入しています。苗箱に土を入れて水が入り、種を蒔いて薬を入れ、またそれに土をかぶせるという一連の作業が、機械によって二人で1時間に何百枚とできる時代になっています。労働の省力化が進んでいますから、楽にスマートに農業に取り組むことができると思います。また、農薬散布にはドローンを使うこともあり、若い人にとっては格好よく、遊び感覚で仕事ができるので好評です。

──「スマート農業」を、少し詳しく紹介ください。

国定：「スマート農業」とは、ロボット技術やＩＣＴ（情報通信技術）という最先端技術を活用して、省力・高品質生産を実現する、スリム化された農業という意味です。トラクターやコンバインなどにナビゲーションシステムが組み込まれ、無人で自動化されています。しかも、それらの農業機械は、一人で何台も使える時代を迎えようとしています。

──乾燥機も、新しい機種を使われているそうですね。

国定：遠赤外線ヒーターを使った乾燥機を導入しました。この乾燥機は穀物を芯から乾燥させていくので、所要時間を短縮できます。穀物の乾燥は個体差があるので、仕上げの段階でどれくらいになると止めるか迷うのですが、この機械を使うと均一に乾燥できます。以前の乾燥機と比べて数段良くなっていると思います。

――今後も「スマート農業」を進めていかれるのでしょうか。

国定：現在は、人手不足で求人が難しい時代だといわれています。ナビゲーションシステムを使い自動化された機械を駆使した無人化トラクターとか、自動化されたコンバインなどもあり、一人で何台もの機械が使えるというのは大きなメリットです。以前なら一人で1台に乗って作業するだけでしたが、一人で3、4台のトラクターをコントロールできるわけです。能率も上がるし、規模の拡大化を進めるうえでも必要なものと考えています。これからもその方向でいくと思いますし、新しい農業に積極的に挑戦していきたいと思っています。

――もち麦に力を入れておられるそうですね。

国定：3年ほど前から、もち麦に着目して栽培していま

農業を続ける仲間たちと地域を守っていく役割も担う

ハトムギをコンバインで収穫する様子

有限会社国定農産の作業場

す。健康を重視した食品や作物を育てたいという考えを持っています。もち麦の特徴は繊維質が多いということで、整腸作用が期待されています。健康に気を使っている方に食べていただきたいという願いを持っています。

——これからの課題を、どのようにお考えですか。

国定：後継者が育ってきていますので、これからも自動化された機械を使って拡大化していくことになると思います。問題は作物をつくってそれを販売していくところにあり、後継者には「販売」という面から勉強もしてほしいと思っています。

——地域の農業の未来についての展望をお聞かせ下さい。

国定：スマート農業を推進し、人手不足の時代にも対応できる農業の形をつくり、地域の農業の将来に貢献していきたいと思っています。

（2019年6月17日 放送）

国定　豪（くにさだ　たけし）
有限会社国定農産代表取締役社長
昭和31（1956）年岡山市生まれ。岡山大学農学部卒業。昭和54（1979）年4月国定農産入社、12月代表取締役に就任。趣味は園芸。好きな言葉は「あきらめない」。

“地域や職場の中でたすけあいの輪を広げていく”

こくみん共済coop香川推進本部
鈴木義博 本部長
高松市

――夢をお聞かせ下さい。

鈴木：たすけあいの輪を広げ、安心できる社会を目指します。

――「全労済」から「こくみん共済ｃｏｏｐ」に愛称を変えられたのですね。

鈴木：「共済」とは、みんなのたすけあいによって成り立つものです。誰かの万が一に備える仕組みです。したがって、一人でも多くの皆さんに参加していただくことによって、地域や職場の中でたすけあいの輪を広げていく、それが私たちの考えである「誰一人取り残さない」社会を目指すことにつながります。今回の「こくみん共済ｃｏｏｐ」という名前に込めている思いです。

――新しい愛称になって、これまでと活動範囲は変わっていくのですか。

防災や減災のために何をしておくかを、皆さんに訴えていく

鈴木：今は地域の中で、人と人とのつながりが問い直されているときだと思います。その中で、私たちが勧める「共済」の活動に参加していただくことが、コミュニティーの再生につながると考えています。そういった意味を「こくみん共済ｃｏｏｐ」という新しい名前で、県民の皆さまにお伝えしていくつもりです。私たちの活動

は、これまでは職場に限定しがちでした。これからは「共済」というものをもっと地域の方に理解していただくことによって、地域の方々にも私たちの活動へ参加していただきたいと考えています。

――「こくみん共済」の契約内容もニーズに対応して変わっているのですか。

鈴木：これまでの「こくみん共済」の仕組みは、組合員の方からも理解しにくいという声があり、複雑すぎたという反省もありました。内容をシンプルにして、新規加入できる年齢制限の幅を広げるなど、新たに制度を改定しました。

――西日本豪雨のような自然災害が心配されています。万が一の備えについて、県民の皆さんの意識は変わっているのでしょうか。

鈴木：そこはまだだと思っています。香川県は災害が少ないことから、他県の皆さんと比べて災害に対する認識は薄いのではないかと感じています。私どもは共済事業だけでなく、自然災害に対して備えることや、防災・減災のために何をしておくかべきかということを、もっと県民の皆さんに訴えていこうと考えています。そのために各地で「ぼうさいカフェ」を開催し、災害時の写真展示や、万が一のために備えをしていくことの大切さをお伝えする取り組みをしてきました。こうした地道な活動の継続によって、これまでにどれだけ啓発が進んだかは計りしれないと思っています。

——防災や減災への関心は、これから高まっていくのでしょうね。

鈴木：高まっていくでしょうが、一方で、未だに「自分の身には起きないだろう」「自分は大丈夫」という感覚を持たれている方も多いわけです。そうした中で、私どもが提案する「共済」に対して、お問い合わせや資料請求などをいただく件数は、徐々に増えてきていると実感しています。

——これからの香川をどんな地域にしていきたいとお考えですか。

鈴木：よく家屋が倒壊したり流されたりという場面を見たとき、「自分の知り合いがいなければいいのにな」とか、「組合員の人がいなければいいな」という思いをずっと持っていました。ところが昨年、香川県の組合員の方で大きな被害を受けられた方がおられました。被災された方が、一人で取り残されることのないような社会にしたいのです。たとえ災害に遭われても、手を差し伸べて何らかの対処ができる形を作っていかなければいけないという思いでいます。職場の皆さんには、そういった訴えをしてきましたので、少しずつ理解が広がってきているように感じています。

被災しても取り残されることのない社会にしたい

——「万が一」のために、どう対処するかを考えておくことは必要ですね。

鈴木：私たちには「住まいる共済」があるので、それによって自然災害に対する備えをしておきましょう、とお伝えしています。実際に被災されたとき、誰が助けてくれるのかということを考えてもらい、お互いにたすけあおうという精神を大事にしようと訴えています。

——今後も災害に対する啓発運動を続けようとお考えですか。

鈴木：私は、万が一自分の身近な人がそういった災害に遭われたとき、果たしてその人だけの責任にしてよいも

「ぼうさいカフェ」2019年4月28日開催

のだろうかと思います。行政などから支援の手にも限界がありますから、やはり平素の備えをしていくことが必要です。みんなで支え合い、たすけあうものを作っていかなければいけませんし、それが「共済」だと思っています。そういう思いから、皆さんに積極的に働きかけています。

――これから、どんな共済を目指しているのかお聞かせ下さい。

鈴木：皆さんが安心して働き暮らしていけるよう、こくみん共済ｃｏｏｐは地域社会と連携をして、協同組合の理念である「たすけあいの輪」をさらに広げていきたいと思っています。

（２０１９年６月24日 放送）

鈴木義博（すずき　よしひろ）

こくみん共済ｃｏｏｐ香川推進本部本部長

昭和29（１９５４）年高松市生まれ。昭和48（１９７３）年香川県立高松商業高等学校卒業し、香川県に入職。平成14（２００２）年に香川県職員連合労働組合中央執行委員長に就任。平成25（２０１３）年より連合香川事務局長を経て、平成29（２０１７）年全労済香川県本部本部長に就任。令和元（２０１９）年６月よりこくみん共済ｃｏｏｐ香川推進本部本部長となる。趣味は、旅行・お遊び程度のゴルフ。

“子どものころの思い出となっているお菓子”

新居浜市

株式会社ハタダ

畑田康裕 代表取締役社長

——夢をお聞かせ下さい。

畑田：お菓子を通じてみんなが幸せになることです。いただいて楽しく、お菓子を食べていただいておいしいと言っていただけるように、店舗を通してお客様とつながっていきたいと思っています。そのために各地で店舗を設けて実現していきたいと考えています。

——その夢を実現させるために、どのようにされていますか。

畑田：愛媛県新居浜市に創業して、当時は地元のお菓子屋さんとして営業していました。昭和50年に「ハタダ栗タルト」を発売してから土産物として使っていただき、大きく成長することができました。現在は、香川県と岡山県では13店舗を持ち、旬のフルーツを使ったケーキや焼き菓子などの品ぞろえをしています。また、お客さまにお店に来て

若い人向けのパッケージで、新たな思い出をづくりを

——四国銘菓「ハタダ栗タルト」は、なじみの味と親しんできた方が多いと思います。

畑田：「ハタダ栗タルト」はロングヒットの定番商品です。お客様の中には、子どものころの思い出となっているお菓子でもあると思いますので、その形を同じにしておくことも大事にしていこうと思っています。

――「思い出の味」として、たくさんお便りが届いているそうですね。

畑田：「孫から土産としてもらった。久しぶりに味わった」とか、「以前に四国に住んでいたので懐かしい味で、当時のことを思い出した」とかの声を、ハガキなどでほとんど毎日いただいております。

――「ハタダ栗タルト」のこれからの展開についてお聞かせ下さい。

畑田：若い人に手に取ってもらえるパッケージにするなどの工夫をしながら、これから新たな思い出をつくっていただくために、いろいろな工夫をしていきたいと考えています。

――1年前に「ハタダ栗タルト」をリニューアルしたそうですね。

畑田：初めて「ハタダ栗タルト」をお買い上げくださる方に、年配の方からおハガキを送っていただいている方々と同じような思い出をつくっていただくためには、とにかく手に取って食べていただかないと始まりません。そのために、今の時代に合ったパッケージや味にすることをリニューアルのコンセプトにしました。

──趣向は変わってきていますか。

畑田：味の好みは昔と変わらない面があるのですが、昔との違いは、今の時代はおいしい物が世の中にあふれていることです。私たちの商品を、お客さまに食べていただく経験ができずに、伝わりにくい時代になっていることが、30～40年前と大きく違っているところだと思っています。

──どんな取り組みをなさっているのでしょうか。

畑田：おいしい物をつくるというのは当然のことですが、おいしい物を取り巻く要素、例えば、見た目でビックリするとか可愛らしくするとか、友だちと話題にできる商品づくりとか、その商品の周辺にある情報づくりに力を入れています。

──具体的にはどんな商品でしょうか。

畑田：おやつでいえば、「デカメロン」という商品があります。見た目はすごく大きなメロンのお菓子です。大きさだけでびっくりしていただいたり、人に見せてみんなで驚いてもらったりしています。また、「金時のさぶ」と

“あの人”への贈答品や自分への褒美など、シーンで使える商品に

金時のさぶ

いう商品は、そのCMキャラクターである元気なガールズバンドに商品のよさを伝えてもらい、みんなに話題にしてもらえるための工夫をしています。

――その手応えはいかがですか。

畑田：まずはいいのかなと感じています。私たちが楽しんで情報発信している商品には、本当にお客さまからよい反応をもらっていると感じています。

――これからはどんな商品が求められるとお考えですか。

ハタダ栗タルト

畑田：根本的には「おいしい物」だと思いますが、人にあげたくなる物、自分へのご褒美になる物など、シーンによって使い分けできる商品です。お客さまがこういう時にはこれを使いたいと思える商品が求められ、かなり細分化されていくのではないかと考えています。ただ、一方で「ハタダ栗タルト」のように、昔の思い出とセットになっている商品は、守り続けていかなければなりません。難しい時代ではありますが、楽しいことではないかと思っています。

――これからの展望をお聞かせ下さい。

畑田：一緒に働く仲間の物心両面の幸せを追求すること、そして、お客さまとお菓子を通じておいしさや楽しさを共有していくこと、この2つを続けていきたいと思っています。

（2019年7月1日 放送）

畑田康裕（はただ　やすひろ）

株式会社ハタダ代表取締役社長

昭和40（1965）年香川県三豊市生まれ。同志社大学法学部を卒業。株式会社星光堂入社を経て、平成10（1998）年に株式会社ハタダ入社。平成21（2009）年に常務取締役営業本部長兼販売促進企画室室長、平成23（2011）年に専務取締役工場長、平成25（2013）年に代表取締役社長に就任。関連会社の株式会社銀座五大取締役。趣味は映画鑑賞とスポーツ鑑賞。

〝自動車部品の製造を通じて、安心な社会を実現〟

井原市

井原精機株式会社
上野和彦　代表取締役社長

――夢をお聞かせ下さい。

上野：自動車部品の製造などを通じて、人々の幸福と安心な社会の実現を目指しています。

――精密部品の製造を手がけておられますが、どのような思いで仕事をなさっているのでしょうか。

上野：わが社の経営理念は「安心の創造」です。そのための取り組みとして、環境にやさしいモノづくりを追求しています。

――具体的に教えていただけますか。

上野：当社では、車の進行方向を変えるパワーステアリングに付けられる非常に重要な部品を製造しています。材料を削って製品の形に加工していくのですが、私たちはできる限り削らなくていい工法を開発することに成功しました。従来、1つの製品を作るために375グラムの材料を必要としていましたが、現在は約半分の材料で済むようになりました。

環境にやさしいモノづくりを追求

――このことは、どういった点から「環境にやさしいモノづくり」につながっていくのでしょうか。

上野：当社は笠岡市などにある県内の4つの工場に加え、海外でも事業を展開しています。更に日本だけでなく、中

国・インドネシアでもこの製品を多く製造していますから、材料が節約できたことで、トータルでみると相当な量の資源を削減することに貢献しているといえます。また、材料を加工するためには多くの電力を必要としていましたので、加工時間の短縮で電力の削減にもなりますし、削るための刃物や設備自体の数を減らせるなど多くのメリットがあります。こうした取り組みが、資源を守るという意味で、環境にやさしいモノづくり、ひいては安心な社会の実現につながっていると思っています。

――「岡山ロボケアセンター」についてご紹介ください。

上野：身体の不自由な方や加齢で動きづらくなった方などのお役に立ちたいという思いから、今年5月、倉敷市に「岡山ロボケアセンター」を開設しました。岡山ロボケアセンターは、サイバーダイン社が開発・製造・販売するＨＡＬⓇというロボットスーツを取り扱う拠点です。ＨＡＬⓇは脳から筋肉に信号が伝わる際の微弱な「生体電位信号」を読み取ることで動作をアシストするという世界初の製品です。当センターでは、ＨＡＬⓇを着けてトレーニングしていただいたり、病院や介護施設などに貸し出したりします。不自由だった身体を思うように動かせるようになると、とびきりの笑顔になります。そのサポートをしていきたいです。

――会社の歴史についてお聞かせください。

上野：１９４４（昭和19）年に設立、立川飛行機株式会社の協力会社として営業を開始しました。井原市はもともと繊維産業が盛んな街で、地元の繊維会社５社が集まって井原精機を創ったのです。というのは、その５社は繊維産業ですから、間接的にしかお国のためになる仕事ができません。しかし、やはり直接的にお国のためになりたい、貢献したいという思いから、軍事産業の部品の製造をスタートしたわけです。

しかしすぐに終戦を迎え、そこから鍋などいろいろなモノを苦労しながら作っていました。その後、縁あって、１９４７（昭和22）年から三菱自動車との取り引きが始まり、自動車部品の製造をスタートさせました。その後は自動車・産業機械部品の製造を中心にやってまいりました。

――モットーとしている言葉などはありますか。

上野：私の座右の銘は「われ以外みなわが師なり」という言葉です。これは「我以外皆我師也」と書きます。いろいろな意味があるんですが、自分を今まで成長させて

ロボットシステムの提案も

くれたのは周りの方々のおかげであり、その方々のおかげで自分はこうやって成長できたのであるから、皆さんに感謝しましょうということです。また逆に、どうして自分の思い通りに事が進まないのかというのはすべて自分に原因があり、自分を変えることで人を変えていきたいという意味合いもあります。

製造している精密部品

――どういうきっかけでこの言葉に出会われたのでしょうか。

上野：小説『宮本武蔵』を書いた吉川英治の言葉で、以前に研修を受けた中で知り、感銘を受けました。みんなのおかげでやっているんだということで、「謙虚」ということをモットーにしています。

　社長というのは一般的にある程度の立場があるように見られがちですが、そうではなくて、みんなが頑張ってくれているから社長でいられるんだということであり、そういう感謝の気持ちもありますし、ずっと謙虚でいたいと思っています。

――今後の展望をお聞かせください。

上野：私たちは事業を通じて、地元岡山県をさらに元気に、笑顔があふれるようにしていきたいと考えています。

（2019年7月8日 放送）

上野和彦（うえの　かずひこ）
井原精機株式会社代表取締役社長
昭和45（1970）年井原市生まれ。福岡大学経済学部卒業。平成7（1995）年入社し、常務取締役経営企画室長、業務本部長、自動車・産業機械部品事業部長などを経て、平成22（2010）年代表取締役社長に就任。趣味はトランペット演奏、コンサート鑑賞、ゴルフ。

“電気工事の技術力と品質の高さを全国に広めたい”

岡山市

平松電気工事株式会社
平松良一　代表取締役社長

――夢をお聞かせ下さい。

平松：電気工事の技術力と品質の高さを、「ヒラマツブランド」として全国に広めていきたいです。

――「ヒラマツブランド」とはどういったものでしょうか。

平松：「ヒラマツブランド」は、我々の創業者の「丁寧な仕事ができなければ儲けはいらない。良い仕事ができないなら平松ではない」という言葉を胸に、長年にわたって築き上げてきた技術力です。

――その「ヒラマツブランド」を次世代に継承していくために、どのような工夫をなさっているのでしょうか。

平松：この技術力を若手に継承するために、「社員の成長は会社の成長である」をモットーに、社員教育に力を入れています。若手社員には毎月2回の技術講習会を開催し、品質や技術力の向上のための社員教育を実施しています。また、人手不足の今の時代において、いかにして効率を上げられるかということを考え、最新の工具、技術の導入はもちろん、施工管理能力の向上のためにも時間や費用はいとわず、可能な限り力を注いできました。

良い仕事ができないなら平松ではない

――お客さまからはどういった声が届いていますか。

平松：そういった努力が実を結び、「平松さんで良かった」「さすが平松さんですね」というありがたい言葉を、さまざまなお客さまからいただいております。

――今後の展開についてはどのようにお考えですか。

平松：「岡山にはこんな電気工事店があるんだ」と皆さまに知れ渡るように、もっと全国に向けて活躍の場を広げていきたいと思います。現状としては、中四国を中心として、東は近畿圏くらいまでですが、今後は関東・東北あたりまでを視野に入れて事業拡大に努めています。

――従来エリア以外での仕事の手応え、可能性はどのように感じていらっしゃいますか。

平松：弊社が手がけている仕事の多くは官公庁物件ですから、まずは入札になります。受注できるかどうかは入札の結果次第なのですが、現在は総合評価落札方式という仕組みが採られています。これは、入札金額だけでなく、過去の実績も点数になって評価される仕組みです。つまり、もし金額が他社より高くても、実績によって逆転して受注できる可能性があるわけです。近年、ありがたいことに多くの受注につながっていることは、これまで手がけてきた仕事の実績、弊社の強みである技術力が評価された結果だと受け止めています。

――その技術力は、具体的にはどういった要素で構成されているのでしょうか。

平松：官公庁の仕事では、工事の終了後に「工事成績評定」というものが送られてきます。そこには、弊社の工事に対する評価として80点とか75点といった点数が与えられています。この点数が、次回の入札にダイレクトに反映される仕組みです。入札では、以前に同種の工事で何点取ったのかということが問われますので、そこで良い成績が取れていれば、入札を有利に運べることになります。

この「工事成績評定」の内容についてですが、いかに丁寧に仕事が行われたかという出来栄えや品質、また納期が守れているかといった工程管理能力のほか、近隣への対応やコスト削減、新技術の提案など、いろいろな項目があります。これらの項目すべてが技術力を構成する要素だと言って良いでしょう。

新名神高速道路の工事に最新設備を導入

――では、最近の実績についてご紹介ください。

平松：近年では、新名神高速道路の工事に携わりました。新名神高速道路は、三重県四日市市から滋賀県、京都府、大阪府を経由して兵庫県神戸市北区までを結び、東名・名神高速道路と相互に機能を補完し合う重要な道路です。この新名神高速道路には最先端の技術が導入され、弊社は日本初導入の設備を手掛けることができました。

ひとつは、トンネル照明灯具を用いた「ペースメーカーライト」です。長い下り坂や上り坂となるトンネル区間に設置され、緑色の光が適切な速度で流れていきます。この緑色の流れは、ドライバーの速度調整の目安になる効果が期待されています。また、この照明灯具は火災や事故といったトンネル内の事象に対応して色表示による情報提供を行うことができ、車輌火災発生時には赤色点滅、事故や落下物などの注意喚起時には黄色が点滅します。

二つ目は、トンネル内の「自走式ロボットカメラ」の導入です。このロボットカメラは火災通報押ボタンや非常電話の受話器と連動しており、事故発生時にカメラが直ちに事故現場へ移動し、近接撮影が可能となるなど、い

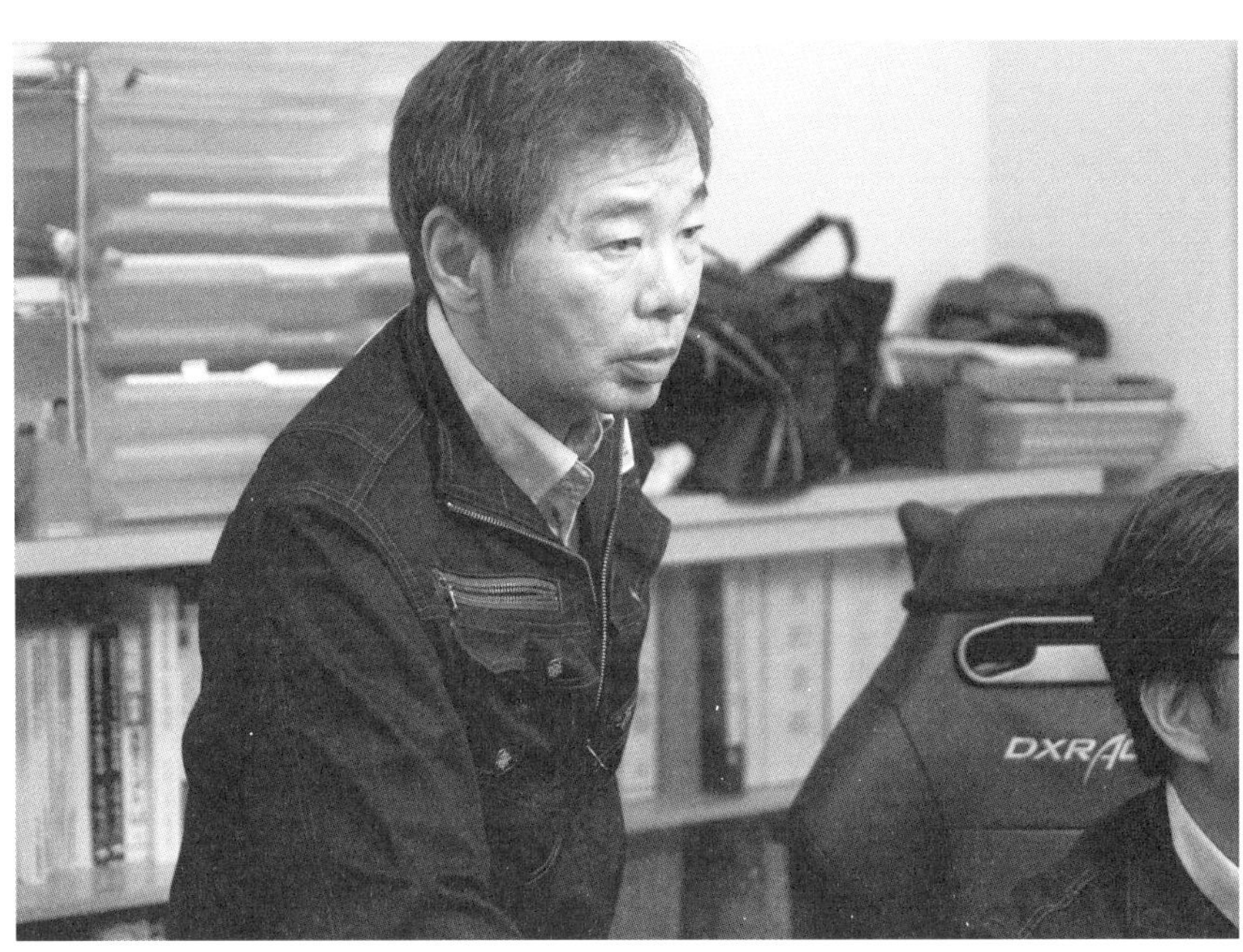

ち早く詳細な状況を確認することができるというものです。

このような工事に携われたことは弊社の誇りであり、培った技術力のおかげだと思っています。

――改めて夢をお聞かせ下さい。

平松：「一人ひとりが安全意識を高め、原価意識に徹して、自慢のできる仕事をしよう」ということをスローガンにしています。この岡山で築き上げた電気工事の技術力、品質の高さを、「ヒラマツブランド」として全国に展開していきたいと思っています。

（2019年7月15日 放送）

平松良一（ひらまつ　りょういち）

平松電気工事株式会社代表取締役社長

昭和34（1959）年岡山市生まれ。昭和57（1982）年大阪学院大学卒業。昭和61（1986）年平松電気工事（株）入社。平成25（2013）年同代表取締役社長に就任。趣味はゴルフ、邦画鑑賞。

"より良い人間関係づくりのお手伝いをしたい"

高松市

ウェルズベルモニーグループ

武智康行 社長

――夢をお聞かせ下さい。

武智：結婚式で感動していただき、お客さまから「より良い人間関係づくりのお手伝いをしてくれた」と言っていただけることです。

――冠婚葬祭に関する事業を展開されるなかで、香川・徳島で6つの結婚式場と50を超える葬祭場を運営されています。高松の結婚式場「アナザースタイル」は、どんな思いでつくられたのでしょうか。

武智：結婚式場選びでお客様が重視されている基準は、まず料理がおいしいこと、そして会場の雰囲気がいいことです。そこで、この度新しい会場をつくるにあたって、瀬戸内海や街並みが広く見渡せるようガラス張りにし、オープンキッチンを宴会場に併設しました。外の景色を眺めながら、ゆっくりと出来たてのおいしい料理を召し上がっていただき、楽しく披露宴を過ごしていただきたいと考えてのものです。

――建物のデザインも特徴がありますね。

武智：アナザースタイルは丘の中腹に位置していますので、ロケーションに調和するような自然環境を多く取り入れています。建物の色にアースカラーを採用し、室内の素材も本物の木材や石を使って、お客さまをできるだ

香川・徳島で冠婚葬祭事業を展開

け緊張させないように、ゆったり過ごしていただけるよう配慮した造りにしています。

——挙式のスペースがとても素敵です。

武智：三階に設けたチャペルは天井も高く、ステージは木々に囲まれて、あたたかく優しい雰囲気です。挙式のシーンというのは非常に大切ですので、お客さまに純粋に感動していただける空間をつくろうと考え、このチャペルが新しく誕生しました。

——挙式を挙げられた方の反応はいかがですか。

武智：挙式の時間というのは非常に限られた時間ですが、記憶に残る挙式の時間を過ごせたという喜びの言葉をいただいております。

——時代と共に結婚式のニーズも変化してきていると思いますが、その変化にどのように取り組んでいるのでしょうか。

武智：いま結婚式をされる方は、自分たちを主張できるものを積極的に選んでいらっしゃいます。たとえば飾る花ひとつとっても、同じものはありません。ですからアナザースタイルでは、フラワーコーディネーターが打ち

「ファーストコールカンパニー」を目指して

合わせにも同席して、お客さまの好みや要望を伺って形にしております。

結婚式を挙げられる方の一番の望みは、やはり「そこで感動できること」だと思います。そして、親御さんや友人・知人に対して感謝の気持ちを伝えるシーンであることも重要です。これはいつの時代になっても同じで、外せない要素でしょう。ですから、どんなに時代が変わろうとも、それぞれの世代に合わせたお客さまに感動していただいたり、気持ちよく感謝を伝えられる場を提供できるようにと考えています。この建物というハードの面と、商品・サービスといったソフト部分を、それぞれ時代に合わせてアップデートしていき、その時々のお客さまに合った式場であり続けようと努めています。

――建て替えは大きなアップデートでしたね。

武智：この建物は1年半前に建て替えましたが、新しいソフトである商品・サービスを提供するためには、建物の構造自体を替えなければならないという判断からです。この度、新しくテラスをつくることにより、披露宴のスタートとなる乾杯やスピーチなどを、従来のような同じ会場の中ではなく、オープンエアなデッキを使って開放的に演出できるようになりました。お客さまには非常に喜んでいただき、今までと違う新しさを感じていただいております。

――会場から見えるオープンキッチンについて、お客さまの反応はいかがですか。

武智：このキッチンは私たちが実体験した中から実現したものです。例えば、お寿司屋さんに行ったとき、目の前のカウンターで職人さんが握ったものを出していただけると、非常においしく感じます。それと同じで、料理をバックヤードでつくって出すよりも、目の前でシェフがつくった出来たてのものをすぐにご提供することで、料理をおいしく感じていただける。ライブ感あふれる調理風景がお客さまにも好評で、大変に喜んでいただいております。

以前は、料理は見えない所でつくり、お皿の音さえしてはいけないという時代もありましたが、現在では目の前で調理されるライブ感はおいしく食べられることのプラス材料になっていると考えられます。

――こちらで結婚式を挙げられる方、また披露宴に出席される方に、どんな時間を過ごしていただきたいとお考えですか。

武智：結婚式や披露宴の形も以前とはかなり変わってきていて、今や金屏風もカラオケもありません。押しつけでなく、皆さまが心から本当に楽しめる時間を過ごしたいと考えています。明るい空間で、おいしい料理を食べながら会話が弾み、心からお二人を祝福していただけるような時間を過ごしていただければと思っております。

――改めて夢をお聞かせ下さい。

武智：私たちは、お客さまが結婚を考えたときに、一番最初に名前の浮かぶ会社でありたい。そんな「ファーストコールカンパニー」を目指していきたいと思っています。

（2019年7月22日 放送）

武智康行（たけち　やすゆき）

ウェルズベルモニーグループ社長
昭和40（1965）年京都市生まれ。平成元（1989）年協同組合高松専門店入社。平成2（1990）年株式会社ベルモニー入社。平成8（1996）年取締役就任。平成11（1999）年専務取締役就任。平成20（2008）年創業35周年を機に初代創業者武智義典より引き継ぎ代表取締役となる。その後、平成27（2015）年株式会社ウェルズベルモニーホールディングスの代表取締役となる。現在、関連会社の株式会社ベルラインの代表取締役も務める。趣味は旅行、ゴルフ。好きな言葉は「チャレンジしなければチャンスは生まれない」。

〝車の魅力を発信し、地域に根差した会社へ〟

香川トヨタ自動車株式会社・香川トヨペット株式会社

高松市

灘波順一　代表取締役社長

――夢を一言でお聞かせ下さい。

灘波：車の魅力を発信し、地域に根差した自動車販売会社を目指します。

――現在、香川トヨタ自動車と香川トヨペット、両社の社長を兼務されていますが、どのような思いから経営融合に至ったのでしょうか。

灘波：地元香川で車をお持ちのお客さまに、より高品質なサービスを提供するべく、今年4月に香川トヨタ自動車と香川トヨペットが経営融合いたしました。この経営の融合によって、さまざまなお客さまへ効率的に情報をお届けすることができるようになると考えています。

経営融合で、技術力・サービス品質の向上へ

――サービスはどのように変わるでしょうか。

灘波：車がどんどん高品質・高機能になるにつれて、整備の難易度も高くなり、相応の技術が要求されます。経営融合によって、お互いに持っている技術力や知識をさらに高めていくことができ、サービス品質の向上につながると考えています。

――創業の経緯についてお聞かせください。

灘波：香川トヨタ自動車は、私の祖父の灘波清平が、ア

メリカのゼネラルモータースの車を売るべく、１９２９年に自動車販売会社を設立したことに始まり、今年はちょうど90周年に当たります。その後１９３７年にトヨタ自動車が設立され、１９４６年に香川トヨタ自動車を創業しました。さらに、それから11年後には、香川トヨタ自動車から分かれた香川トヨペットが誕生したという経緯です。

――歴史のある香川トヨタ自動車には、どんな魅力があるのでしょうか。

灘波：長い歴史の中で地域に根差し、多くのお客さまに車を使っていただくことになりましたから、おそらく地元では私どもの会社はなくてはならない存在になっているのではないかと認識しています。

――では、香川トヨペットの魅力はどういった点でしょうか。

灘波：香川トヨペットでは、比較的若い方が乗られることの多い車種を扱っておりますので、若い方に向けて車の魅力を知っていただけるような活動に力を入れています。ですから、香川トヨペットは今後、車の普及にさらに貢献できると思っています。

――香川トヨペットの高松春日店について、特色などを教えていただけますか。

灘波：香川トヨペット高松春日店では、お客さまが来られたときに車のナンバーを認証して、その車の情報を得ることができる最新の設備を備えています。来店の際にお客さまに自分のお名前を言っていただかなくても、社員は車の情報を見てお出迎えすることができ、依頼される整備・メンテナンスにもスムーズな対応が可能なため、お客さまにとって非常に便利なサービスとなっています。

地域をもっと盛り上げ、さらなる発展を

――質の高いサービスにこだわっている理由をお聞かせください。

灘波：現在は、少子化で若い方自体が減っていることと、都会を中心として若い方が自動車を持たなくなっているという傾向があります。さらに、運転免許は取得しないといった方も見られます。地方においては、車がなくては生活に支障がでることもあり、そこまで顕著ではないのですが、今後はこの地域でも人口減少や高齢化といった傾向がさらに進んでいくと思われます。その中で差別化を図っていくためには、やはり、より高い品質のサービスを提供していくことが必要だと考えています。

――若い世代の方に、車のどういった魅力をアピールしたいと思われますか。

灘波：私たちが若い頃は、車に彼女を乗せてドライブをすることに価値があったりしたのですが、今の若い方にはあまりそういう傾向は見受けられません。そこで私どもがアピールしているのは、「車を所有するということは、一つの空間を持てることだ」といった考え方です。車は

あなた専用の空間であり、車に乗ることで家族や友人と一緒の時間を過ごせる。そして、名所などに楽しい思い出を作りに出掛けるといったことを経験してもらえればと思っています。

――トヨペット店が専売で扱うハリアーの魅力は。

灘波：ハリアーはいわゆるクロスオーバーというカテゴリーで、乗り降りがしやすく、安全装備も充実していて、安心して運転していただける車です。ハイブリッドも選べますし、低燃費のターボチャージャーが付いたエンジンを載せていることで、走りも非常に素晴らしい。そう

いった多彩な装備を満載している点がハリアーの魅力となっています。

――これから、地域の中でどんな存在でありたいと考えていらっしゃいますか。

灘波：私どもは、約90年前から地域で自動車を通じた販売会社を展開しており、このたびの経営の融合によって事業基盤を強化し、より強固な会社となりました。これからもさらにお客さまにより良いサービスを、そしてたくさんの車を提供することができるよう、頑張っていきたいと思っています。

――今後の展望についてお聞かせ下さい。

灘波：地域に根差したリーディングカンパニーとして、地域をもっと盛り上げていきたいです。我々が今まで築き上げた強固なネットワークをもとに、さらに発展していきたいと思っています。

（2019年7月29日 放送）

灘波順一（なんば　じゅんいち）

香川トヨタ自動車株式会社代表取締役社長
香川トヨペット株式会社代表取締役社長
昭和37（1962）年東京都生まれ。大阪商業大学商経学部経営学科卒業。昭和60（1985）年トヨタ自動車株式会社入社。平成2（1990）年香川トヨタ自動車株式会社取締役就任。平成3（1991）年東京トヨペット株式会社出向を経て、平成13（2001）年香川トヨタ自動車株式会社代表取締役社長に就任。平成31（2019）年4月、香川トヨペット株式会社代表取締役社長就任、現在に至る。趣味はゴルフ、ウォーキング。

高松市

“石窯で焼き上げたハンバーグとパンケーキが魅力”

株式会社平井料理システム

平井利彦 代表取締役

――夢をお聞かせ下さい。

平井：世界に挑戦する個性派軍団飲食企業を目指します。

――香川や岡山などに25の飲食店を展開され、今年、高松市にレストランやガーデンを備えた「仏生山の森」をオープンされました。このお店はどんな思いで作られましたか。

時代の変化の中で、どんな付加価値を付けるがテーマ

平井：これまで「楽しくなければ仕事でない」をモットーにしてきました。その中で仏生山という場所で、どこにもないような自然の中にあるレストランを作りたかったんです。

――「仏生山の森」がどんな魅力のあるお店か、お聞かせ下さい。

平井：お店の魅力は、石窯で焼き上げたハンバーグと地元養鶏場の卵を使ったフワフワのパンケーキです。料理人たちがどうやったらフワフワになるか工夫してきました。石窯で焼き上げるハンバーグは、周りの肉はカリッとして少し硬いのですが、中はジューシーで非常においしくなっていますます。この「仏生山の森」のお店と料理をどうマッチさせるか、スタッフと一緒に考えて作ってきました。すばらしい施設と味で勝負しています。

――建物もステキですね。

平井：「仏生山」という場所には、近くに白壁のある古い町並みがあります。古い町並みの風情の中に、日本建築とは違った西洋モダンを取り入れた山荘を目指して作りました。この「仏生山の森」の周辺はイングリッシュガーデン風にしています。

――周辺の環境もいいですね。

平井：春は菜の花で真っ黄色に、夏はヒマワリが見渡す限り広がって黄色が素晴らしいです。秋にはコスモスが咲き、その傍らには菜園もつくります。この森のイメージは緑ですが、この花畑も魅力の一つになっています。そういった季節の味わいも楽しんでいただきたいのです。

――動物もいて、小さいお子さんに喜ばれていますね。

平井：ヤギやニワトリ、ウサギがいると、かわいいですよね。近所のお子さんにも楽しんでもらいたいですね。また、大人の方も癒やされているようです。

――今後、ガーデンの姿をどのように思い描いていますか。

平井：文字通り仏生山の「森」にしていくことです。オープン時に植栽をした樹々が5〜10年経つと、立派な森になると思います。地域の自然に溶け込んで際立たず、自然と共存している施設にしていきたいと思っています。

——これからどのような店舗展開をお考えですか。

平井：飲食店の業界は、時代の影響を受けて激しく変化しています。その移り変わりの中で、どうやって付加価値を付けていくか、それがテーマです。ですから、「食べ物と自然」、「食べ物と人」、「食べ物とその地域の環境」など、マッチングによって「より付加価値のあるモノ」を追求していこうと考えています。

多くの方に愛される お店になってきたと実感

——お客さまのニーズを、どのように感じておられますか。

平井：今は「誰かに伝えられる飲食店」が話題になっているのではないでしょうか。一昔前は「自分だけのモノ」というのがレストランに対する考えでしたが、今は「誰かに言いたい」「誰かと一緒に来たい」となっています。田んぼの真ん中にあるお店ですが、ＳＮＳの力で評判が広まり、本当に多くの方に愛されるお店になってきたと思います。ガーデンを伴った飲食店というのはなかなか作れないとは思います。人とそこにあるモノを組合せ、神社があるなら「人と神社」といったようなこと、あるいは、近くに川が流れているなら「お店と川」というふうに「店と何か」が重要になるので、これからはそういったところを展開のテーマにしていきたいと思っています。

——スタッフへの思いを聞かせてください。

平井：これは僕のもう一つの夢ですが、働いているスタッフたちの家族が幸せになることを目指しています。店は商売としてやっていき、そこでの収益で働いている人たちの家族のみんなに喜んでもらえるような企業にしたい、そう思っています。この3年くらいの間に、スタッフに20人以上のお子さんが生まれています。この子どもたちの将来の生活までこの飲食店で支えていけるようにしたいですし、独立したいと考える人にはその独立をサポートできる飲食店でありたいと考えています。

——まさに、大家族経営ですね。

平井：スタッフみんなを含めて、大家族だと思っています。「どんなに失敗しても大丈夫なんだ」「エラーしても

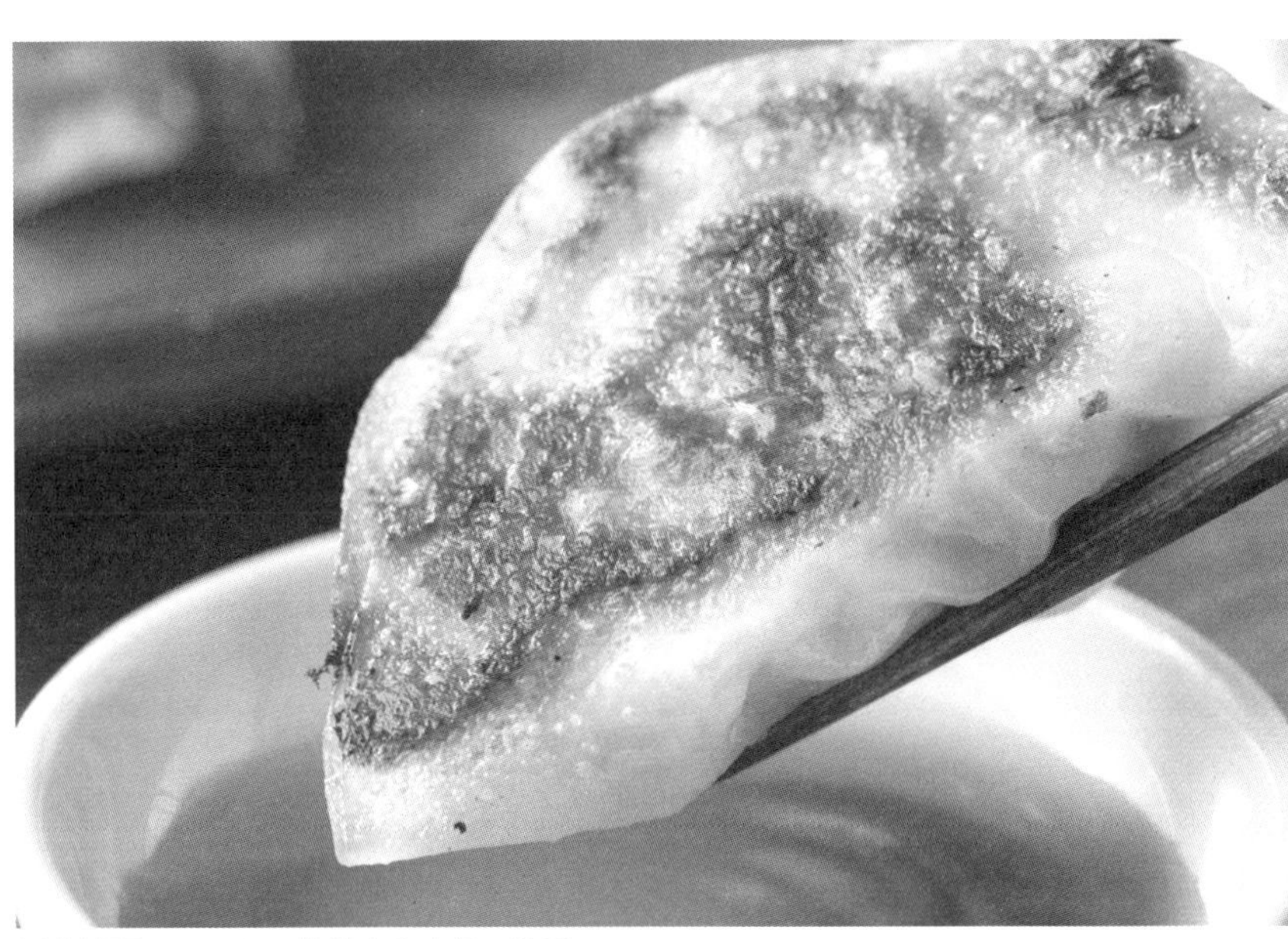
平井料理システムで提供する人気の餃子

またトライアルすればいい」―その繰り返しを認め合えるのが家族だと思っています。この自然の樹木を見ても、どこかが折れてもその脇から芽が出てきて、5、6年もすれば立派に再生していくんですね。僕らもそうでありたいと思っています。多少折れても、新しい芽を出せばいいという感覚を大切にしています。

―これからの方針をお聞かせ下さい。

平井：「いいオトナに、なろう。」を長い間、わが社の方針にしてきました。みんなで失敗を許せるいい大人になって、社会に貢献していく、そんな企業体にしていきたいと思っています。

（2019年8月5日 放送）

平井利彦（ひらい　としひこ）

株式会社平井料理システム代表取締役

昭和33（1958）年香川県まんのう町生まれ。尽誠学園高等学校卒業後、昭和52（1977）年株式会社丸進入社。昭和53（1978）年三本松吾割安に入社。昭和59（1984）年さぬきたかまつ吾割安創業。昭和62（1987）年有限会社ひらい（現株式会社平井料理システム）を設立し、代表取締役就任。平成22（2010）年社団法人日本フードサービス協会監事就任、平成24（2012）年同協会理事就任。平成27（2015）年全国外食産業ジェフ健康保険組合理事就任。趣味はジョギング。

丸亀市

〝世界の大海原を旅する大型豪華客船を建造したい〟

今治造船株式会社
黒川節弘 代表取締役副社長

——夢を一言でお聞かせ下さい。

黒川：世界の大海原を旅する大型豪華客船を建造することが私の夢です。

——造船専業メーカーとして船舶の建造・修繕を行う今治造船のなかで、丸亀事業本部はどういった位置づけになるのでしょうか。

黒川：丸亀事業本部は、今治造船グループとしては今治本社についで二番目に造られた工場で、東京ドーム約16個分の敷地面積があり、3本の建造ドックで年間平均15～20隻の船を建造しています。

——ドックの規模が大きく、クレーンなども迫力がありますね。

黒川：2017年に完成した新ドックは長さ610メートル、幅80メートルで、日本最大級の1330トン吊りのゴライアスクレーンを3基有し、効率良く世界最大級の超大型船を連続建造することが可能となりました。

大規模工場で高付加価値の船舶を建造

また、丸亀事業本部には今治造船の言わば頭脳とも言える設計本部が集約されており、取り引きの要望にタイムリーに応えられる体制を構築しています。

――こちらではどういった船を造られているのでしょうか。

黒川：私たちが得意とする船型は、コンテナ船やばら積み貨物船ですが、今後は大型豪華客船も手掛けたいと思っています。

――豪華客船の魅力とはどういったものでしょうか。

黒川：豪華客船などのクルーズ船は「海上の遊園地」と言われ、一度船内に入れば、その期間はショーやイベント、豪華な料理などを楽しむことができ、本当に優雅な時間を過ごせます。

現在、世界中でクルーズ船での観光がはやっており、日本においてもここ数年、クルーズ船での訪日観光客の数が増えております。ただ、海上で快適に過ごしていただくために必要な装置や、振動の軽減といった設備の面、またヨーロッパなどの船主の趣向に合わせた内装にするための芸術性など、建造に関して求められるハードルは非常に高いです。

――難しいクルーズ船の建造に挑む理由は。

黒川：岡山県・香川県の皆さんに私たちが造ったクルーズ船に乗っていただき、楽しんでいただいているところが見たいからです。クルーズ船が世界中を巡り、時折、瀬戸内海にその美しい姿を現わす、そんな光景を夢見ています。

――今後の展望についてはどのようにお考えですか。

黒川：今後、社業を発展させるためには、今までにない高付加価値な船舶を提供しなければならないと思います。例えば、完全な自動運航ができる船とか、故障がなくなる船です。

これまでの我々のノウハウに加えて、その分野を得意としている企業と協力するなど、視野を広く持ち、これからも時代を先取りするような船を造ることで業界をリードしていきたいです。

――地域の中でどんな存在でありたいと考えていらっしゃいますか。

黒川：造船業というのは非常に裾野が広い産業です。瀬戸内近郊には約160社の舶用機器メーカーがあり、従業員、構内業者やその家族を含めると、何万人もの方々の雇用や生活が掛かっています。

このような方々の人生を守るためにも我々が頑張らなければならないですし、さらに企業価値を高めて地域の

造船を通じて地域の繁栄に貢献

今治造船丸亀事業本部

皆さまに認めてもらえる会社にならなければいけないと思います。

私たちを育ててくれた地域に対する感謝の気持ちを持ち、これからも造船を通じて地域の繁栄のために貢献して参ります。

（2019年8月12日 放送）

黒川節弘（くろかわ　せつひろ）

今治造船株式会社代表取締役副社長

昭和16（1941）年生まれ。昭和48（1973）年今治造船株式会社入社。平成4（1992）年同社取締役資材部長に就任。常務取締役丸亀事業副本部長、専務取締役丸亀事業本部長を経て、平成16（2004）年同社代表取締役副社長に就任。平成30（2018）年藍綬褒章（産業功労）受章。趣味は読書。好きな言葉は「為せば成る」。

〝ひとの心を動かすひとを育てたい〟

学校法人作陽学園
松田英毅 理事長
倉敷市

——夢を一言でお聞かせください。

松田：ひとの心を動かすひとを育てたいです。

——こども園から大学院まで、約2000人が学ぶ作陽学園ですが、その核となる学是、校訓についてお聞かせください。

松田：「念願は人格を決定す　継続は力なり」。これがわが校の学是、校訓です。人はそれぞれ強い目標を持つことがまず大切で、それに向かって努力、精進するところに自ずと道が開け、目標を達成できるということです。

「音楽」「食文化」「子ども教育」の3分野で「心の教育」を実施

——くらしき作陽大学にはどういった特色があるでしょうか。

松田：くらしき作陽大学では「音楽」「食文化」「子ども教育」という3つの専門分野に分かれた学部となっていますが、いずれも「心の教育」ということを実施しています。学生たちは先ほどの学是のもとに日々努力精進しており、現在、子ども教育学部においては、公立の小学校や幼稚園、保育園などの採用試験に80名が合格しています。そして食文化学部では、この春には管理栄養士国家試験に100%合格という成果を挙げています。また音楽学部については、卒業生が中国・四国・九州の各県で、音楽を通じ

て若い子どもたちの心の教育をしています。

――心の部分を大切にされているのはどうしてなのでしょうか。

松田：人間の特質は、脳があるということと、心を持つということだと思います。ですから、その両方をしっかり育てなくてはいけません。今の教育は、どちらかというと頭（脳）の教育には力を入れていますけれども、心の教育はおろそかになっているような気がします。心の部分をしっかりやらないと、本人も幸福になれませんし、社会全体がおかしくなってしまいますから、そのためにも心の教育は大切だと考えています。

――こちらで学んだ方が、社会に出てどんなふうに活躍されることを願っていらっしゃいますか。

松田：仕事ができることはもちろんですが、人々に感動や喜びを与えるということをしっかりやってもらいたいですね。それには、いろいろな事に対して「自分は生かされている」ということを感じて、日ごろから感謝の気持ちをしっかり持って事に当たることが大切です。自分の貪欲を満たすだけではなく、人に対する思いやりや優しさ、人への貢献といったことをしっかり果たしていけば、本人だけでなく、周りの人や社会を明るくすることにつながっていくと考えています。

――ゴルフの全英女子オープンで日本人選手として42年ぶりのメジャー優勝を果たした渋野日向子さんが、まさにそのような方ですね。

松田：渋野日向子さんは作陽高校の出身です。彼女は高校3年間だけの在籍でしたが、作陽学園の精神を全うしてくれました。「挨拶」「掃除」「合掌」ということを常に教えていますが、それを3年間しっかりこなしたのではないかと思います。「合掌」というのは「感謝」ということですが、それを実践してくれましたね。プレー中も常に笑顔で、さわやかな雰囲気で、とても良かったと思います。

――世界で活躍されている渋野さんのような卒業生がいることを、作陽学園の皆さんはどのように受け止めているのでしょうか。

松田：本当にうれしく、当学園の誇りです。学園の卒業生たちも非常に誇りに思うでしょう。世界に認められるレベルの人が出たということは、「自分たちの日ごろの行いは間違っていないんだ」という証明にもなるはずです。また、これから作陽学園に入ろうという人が増えてくれることも期待しています。

人材育成を通じて瀬戸内に対して地域貢献

――オープンキャンパスについてご紹介ください。

松田：大学の魅力を紹介するためにオープンキャンパスを実施しています。大学の雰囲気に慣れていただくことを目指して、講義や実習を実際に体験してもらうなど、学生・教員ともに苦労して企画しております。学食で提供している食事がなかなか評判が良いようですので、さらに魅力あるものにしていきたいと考えています。

――オープンキャンパスに参加された方はどのようなことを感じたと思われますか。

松田：非常に楽しかったとか、大学生になった将来の自分の姿がイメージできて役に立ったという感想が多く聞かれます。

――日本の人口減少についてはどのようにとらえていらっしゃいますか。

松田：今は人口が約1億2000万人ですが、100年後、200年後は急激に減っていくと言われています。そうなると日本が国としてのかたちを保てなくなる状況に陥るでしょう。このことは本当に大変な、国を揺るがす大問題です。それに対しては早く解決していかなければなりません。

日本には素晴らしい民族性や文化がありますから、それを絶やさないようにするために、まずは教育が必要です。その教育も今のような科学・経済中心の教育ではなく、心の教育をしっかり実施していくこと、思いやりのある人を育てていくことが、この大問題の解決に役立つと考えています。ですから、100年かけてでも、そういった人材をしっかり育てていく。作陽学園にはその使命があると思っています。

くらしき作陽大学キャンパス

――改めて、夢をお聞かせください。

松田：来年、作陽学園は創立90周年を迎えます。これからも、ひとの心を動かすひとを育てることに力を入れ、岡山、香川、広島など瀬戸内に対して地域貢献に努めたいと思っています。

（2019年8月19日 放送）

松田英毅（まつだ　ひでき）

学校法人作陽学園理事長

昭和12（1937）年生まれ。昭和39（1964）年、九州大学大学院理学研究科修士課程修了。理学博士。東京大学物性研究所文部技官、九州大学理学部助手、作陽音楽大学（現くらしき作陽大学）教授を経て、昭和48（1973）年より学校法人作陽学園理事長。昭和62（1987）年、作陽音楽大学（現くらしき作陽大学）・作陽短期大学（現作陽音楽短期大学）学長に就任。「挨拶、掃除、合掌」を実践目標に掲げ、心を豊かにする「音楽」、命を創る「食文化」、未来を創る「子ども教育」を柱に教育を展開する。平成23（2011）年旭日中綬章受章。倉敷市文化振興財団顧問。

〝安心な暮らしと、自分らしく生きる喜びをご提供〟

高松市

あなぶきメディカルケア株式会社

大谷佳久 代表取締役社長

——夢を一言でお聞かせください。

大谷：介護サービスを通じて、安心な暮らしと、自分らしく生きる喜びをご提供します。

——有料老人ホームや介護事業などを展開し、香川や岡山をはじめ関西や九州などで31の施設を運営されていますが、御社の介護サービスの特徴についてお聞かせ下さい。

大谷：あなぶきメディカルケアの特徴は、各施設が利便性の高い場所に立地していることです。また、介護サービスについては、軽度の方から重度の方まで幅広い方に入居していただけるよう、サービス内容を充実させております。看護師が常駐することで「介護」だけでなく「看護」の面まで対応するなど、幅広いニーズに応えられる体制を整えています。

人の出入りが多い活気のある施設を目指して

また当社の施設は、多くの方と関わりあえる場所として展開しています。地域住民の方とも交流できますし、施設が主要駅の近くに立地していることもあって刺激が多いです。できるだけ外部と積極的に関わりが持てるように、人の出入りが多い活気のある施設を目指して運営しています。

――「安心な暮らし」や「生きる喜び」の実現に向けて、どういったアプローチをされているのでしょうか。

大谷：サービスを行う上では、入居者の方の気持ちを大切にして、ご本人のご意向や価値観を十分にくみ取り、その方に合ったサービスを提供することを心掛けています。入居者のみなさんはそれぞれ生活スタイルが異なりますので、まずはその方に合わせたケアプランを作成し、それを職員全員が共有しながらブラッシュアップすることで、その方らしい生き方をサポートする体制を整えています。

――「アルファリビング高松紺屋町」にはどんな特徴があるのでしょうか。

大谷：この「アルファリビング高松紺屋町」は複合型施設になっています。老人ホーム棟部分には、1階にはデイサービスとクリニックがあり、2階には健診センター、さらに隣には分譲マンションがあるといったように、街区全体を一括して開発しました。これによって、タテ・ヨコといろいろな交流が生まれる施設になっていると思います。周囲には、なじみのある商店街やデパート、公園といった都市機能が充実していますので、日常生活が便利になるだけでなく、ご家族の方も訪問しやすいと評判です。

——お住まいの方にとって複合施設にはどんなメリットがあるでしょうか。

大谷：下層階にクリニックがあるので、いざというときに安心して受診することができます。また往診サービスもありますので、天候・季節に関係なく、いつでも医療サービスを受けられるという安心感があり、これが大きなメリットだと言えます。隣の分譲マンションにご家族がお住まいのケースもあり、これも大きな安心につながっています。親子でのご入居や、ご夫婦揃ってご入居される例もございます。

——これだけの施設が整った環境は珍しいですね。

大谷：この場所で複合施設という例は珍しいと思います。従来からあるような郊外型施設ではなく、主要駅近くの街中にあるというところがポイントです。車に乗らなくても周りに何でも揃っていて、社会とのつながりを感じられる場所。コンパクトシティ化の波の中で、みなさんが自分らしく生きるための支えになっていると自負しています。

——今後はどんな介護サービスが求められると考えていらっしゃいますか。

大谷：介護は機械やロボットがすることではありません。サービスを提供するうえでは、コミュニケーション能力が求められます。やはり対話の数で情報量も変わってきますから、より良いコミュニケーションをとり、その方の価値観を把握した上でサービスをご提供するという流れを作っていかなければなりません。きちんとケアプランを作成し、中長期的視点でサービスをご提供していくことが大事だと考えています。そして、介護だけでなく医療の面でのサポート体制も強化しながら、幅広い方にご利用いただける施設にしていきたいと思っております。

「〝知〟域で生み出すわくわく感」をスローガンに

高齢化社会はこれからがますます本番といわれておりますが、高齢者の方にも当然、ニーズの多様化が広がっていくと思われます。我々としては、よりサービスの質を高めて、選ばれる会社に成長していきたいと思っております。

——現在は人手不足が叫ばれていますが、その点はいかがでしょうか。

大谷：これも施設の立地がたいへん重要で、都心であれば付近の人口密度が比較的高いのでスタッフを集めやすいメリットがあります。

　また当社では現在、新卒の採用に力を入れておりますが、あわせて、外国人の留学生へもアプローチしています。関連の学校法人穴吹学園では、日本語学校と介護の専門学校を運営しており、そこに入学してもらった外国人の方に、卒業後に当社に入社いただくケースがあります。在学中は当社から奨学金を提供することで生徒さんの生活を支え、またアルバイトにも来ていただきながら、卒業までサポートしています。そうした外国人留学生の採用が、コンスタントな雇用につながっています。

――「あなぶき」というブランドの、グループとしての強みが活かされていますね。

大谷：やはりグループのシナジー効果は十分に発揮できていると思います。サービスの面でもかなりの数のグループ会社が協力しあっていますし、ご家族やご本人様、そして職員があなぶきグループの分譲マンションに住まれている方も多く、そのつながりでご入居に至るケースも多々ある状況です。

――これからどんな企業を目指していかれますか。

大谷：現在、あなぶきグループは32社で構成されていますが、グループのスローガンに「〝知〟域で生み出すわくわく感」というのがあります。「知」は知識の「知」です。グループの〝知〟を結集して、それぞれの地域に求められる価値を提供していこうというものです。今後も引き続き、グループの総力を挙げて介護事業に取り組んで参りたいと思っております。

（2019年8月26日 放送）

大谷佳久（おおたに　よしひさ）

あなぶきメディカルケア株式会社代表取締役社長

昭和42（1967）年香川県仲多度郡満濃町（現まんのう町）生まれ。平成2（1990）年あなぶき興産株式会社入社。平成13（2001）年あなぶき興産株式会社神戸営業所（現大阪支店）所長。平成18（2006）年あなぶき興産株式会社執行役員就任。平成21（2009）年あなぶきメディカルケア株式会社設立、代表取締役就任（現任）。平成24（2012年）株式会社クリエアナブキ取締役就任（現任）。平成28（2016）年あなぶきヘルスケア株式会社代表取締役就任（現任）、あなぶき興産株式会社取締役就任（現任）。

“通学用品と音楽を通じて子どもたちへ教育支援を”

香川菅公学生服株式会社・アンサーチ株式会社
松野安伸　代表取締役社長
高松市

――夢を一言でお聞かせください。
松野：通学用品と音楽を通じて、子どもたちへ教育支援をしたい。

――学生服や学校用品の卸売などを行っていらっしゃいますが、どんな思いでお仕事をなさっていますか。
松野：制服や学校用品の販売を通じて、学校生活が楽しくなるようなお手伝いをさせていただきたいと思っております。

――学生服の魅力やメリットについて教えてください。
松野：制服とか学校用品は、みんなが規則正しく同じものを身につけることで、けじめを育てられるメリットがあります。忙しい朝に、「何を着ていこうか」「どれにしようか」と迷うことなく、制服を着るだけで気持ちが切り替わります。そして学校から帰ったらホームウエアに着替える。そうやってけじめをつけ、生活シーンを転換するという面でも、制服が役立っているのではないかと思っております。

学校生活が楽しくなるようなお手伝いを

――香川では、制服の割合はどのような状況なのでしょうか。
松野：香川県では現在、公立の小学校・中学校・高校の100％が制服（標準服）を採用しています。制服は長

い目で見れば経済的ですし、毎日着ることで愛校心も芽生えてきます。制服の良さが大いに発揮できている県だと思っております。

――100％採用というのは驚きです。

松野：他県にはなかなかないですね。過去には、個性がつぶされるということで制服廃止の機運が高まったこともあったのですが、個性というものは、国語・算数・理科・社会・道徳といったものが全て身についてから芽生えてくるものです。香川県には、そうした私どもの意見も取り入れていただき、おかげさまで制服の良さを大事にしていただいています。

――教育支援を行う会社「アンサーチ」の社長も務めていらっしゃいます。力を入れて取り組まれている教育支援の仕組みはどのようなものでしょうか。

松野：私どもは、学校指定の体操服に「アンサーチ（ANSERch）」マークを取り付けております。このマークのついた商品の販売点数に応じて、学校教育設備の充実を図るための助成をさせていただいております。この「アンサーチ」というのは消費者の方が「安（あん）心して探せる（サーチ）」ということで、私たちが考案した造語です。

――具体的にどのようなものを助成しているのでしょうか。

松野：ここ10年間には、毎年数校に限られますが、年間約100万円程度、学校が必要とする品物を助成させていただいております。例えばシンセサイザーなどの楽器や、逆上がり練習器といったものもあります。このほか、音楽指導の支援ということで、子どもたちがふるさとの民謡をいかにうまく披露できるかということでもお手伝いさせていただいております。

――松野社長には、皆さんに親しまれているニックネームがあるとうかがっています。

松野：小学校の校歌2つと幼稚園・保育園の園歌2つを、平成の初めころに作らせていただきまして、それからは私が勝手に「さぬきのモーツァルト」を自称しているんです。小学校などに出向いて私の作った曲などを披露し、音楽というものは簡単に楽しめるものなんだということを紹介したり、声楽家やフルート演奏者を連れて行って音楽の楽しさを伝えるといった活動をしております。

最近の子どもさんは、楽器も歌も比較的上手です。音

「さぬきのモーツァルト」として音楽活動も

香川菅公学生服が扱う制服

楽を通して、子どもたちが自分の力を発揮できるきっかけをつくりたい。子どもが輝いて見えるステージづくりのお手伝いをさせていただければと考えています。

――香川の子どもたちへの願いは。

松野：殺伐とした世の中でいろいろなことが起こっていますが、ぜひ、瀬戸内海の穏やかな景色の下で、穏やかに育って欲しいと思います。いつも笑っていられる子どもたちをつくっていきたいと考えています。

――今後の展望は。

松野：「ふるさとみんなで教育支援」を合言葉に、これからは香川にとどまらず、中四国に教育支援の輪を広げていきたいです。ふるさとみんなで、子どもたちの健全な成長を見守ってきたいと思っています。

（2019年9月2日 放送）

松野安伸（まつの　やすのぶ）

香川菅公学生服株式会社代表取締役社長、アンサーチ株式会社代表取締役社長、一般社団法人教育コミュニティ理事長

昭和28年（1953）年大阪府生まれ。小学校から高松市在住。昭和51（1976）年関西大学経済学部卒業。サラリーマン生活を経て、昭和62（1987）年音楽活動開始。高松市立木太北部小学校、宇多津北小学校、弦打幼稚園などの校歌、園歌を作曲。平成3（1991）年ラジオ出演、現在、RSK山陽放送でテレビ番組にレギュラー出演中。平成23（2011）年社団法人教育コミュニティ設立、理事長に就任。ベルマーク収集運動など教育支援活動を推進している。趣味はゴルフ、仕事以外の音楽。

“「岡山にあってよかった」といわれる存在に”

株式会社ホテルグランヴィア岡山

奈倉宏治 代表取締役社長

岡山市

――夢を一言でお聞かせください。

奈倉：「岡山にホテルグランヴィア岡山があってよかった」といわれる存在となることを目指します。

――ＪＲ岡山駅に直結するたいへん利便性の高いホテルですが、宿泊する方のためにどのような取り組みをなさっていますか。

岡山の魅力をちりばめた部屋でおもてなし

奈倉：快適な空間でくつろいでいただきたいという思いから、２０１9年3月に「おかやまの風景」をデザインテーマとした「ファミリーデラックスルーム」をご用意いたしました。最大7名様が宿泊可能で、エントランスルームで靴を脱いでいただくというコンセプトのお部屋です。

――お部屋にはどんな工夫が施されているのでしょうか。

奈倉：室内には岡山の魅力を存分にちりばめており、児島ジーンズで作ったソファをはじめ、牛窓のオリーブや備中松山城の雲海などをモチーフにしたインテリアなど、室内に居ながらにして岡山を体感していただけるようなしつらえにしております。

――そこで過ごされた方からはどんなお声が届いていますか。

奈倉：まず部屋の広さにご満足いただいております。また、靴を脱いでくつろぐといったコンセプトは、日本らしさを感じられると海外のお客様にもご好評をいただいております。

――外国人観光客の動向についてはどのように感じていらっしゃいますか。

奈倉：やはり岡山を訪れる外国人のお客様がかなり増えております。これに比例して、当ホテルをご利用いただく外国人のお客様の比率も高まっており、今では全宿泊客の2割程度を占めています。今後も、さらに多くの外国人のお客様をお迎えしたいと考えております。

――海外の方へのおもてなしについて、どういった工夫をされていますか。

奈倉：今、多様性が大きなテーマとなっております。さまざまな文化や背景を持った方がお越しになりますので、私どももそういったことをしっかり把握して、いろいろなニーズに対応し、適切なサービスを提供できるように頑張ってまいりたいと思っております。

一例を挙げますと、イスラム教の方は一日に必ずお祈りの時間を必要とされますので、そういった方にお使いいただけるよう「お祈り専用ルーム」を準備させていただきました。また、イスラム教の方は食事にも特別の配慮が必要ですから、いわゆるハラルメニューをご用意いたしまして、安心してお食事を召し上がっていただけるよう工夫しております。

――レストランやカフェなどのメニューでも岡山らしさを大切にされていますね。

奈倉：当ホテルでは、味覚の面でもぜひ岡山を感じていただきたいと思っております。岡山といえばやはりフルーツですから、ピオーネやシャインマスカット、白桃などをふんだんに使った「もんげーフルーツメガパフェ」を開発いたしました。これは味覚だけでなく、見た目にも十分に岡山を満喫していただけるような、インパクトのある商品に仕上がっております。

――その見た目のインパクトはどのように生み出されているのでしょうか。

奈倉：まず、大きさを感じていただけるようにインパクトのある盛り方を工夫いたしました。中央の丸い器は、さまざまなフルーツやアイスクリーム、ソルベ、ムース、クッキーで埋め尽くされており、美しいチョコレート細工

岡山で一番笑顔を集めるホテルを目指す

最上階レストランからの眺望

ファミリーデラックスルーム

や、桃のシロップとドライアイスを使った香りを楽しむ演出もあります。名前にある「もんげー（ものすごい）」の言葉どおり、お客様はそのインパクトに非常に感激され、まずはしっかりと写真を撮って、それから召し上がっていらっしゃいます。

――今後の展望をお聞かせください。

奈倉：「すべては感動のために」というキャッチフレーズの下、快適な空間、おいしい料理、最高のサービスを提供しようと、スタッフ一同精一杯努力を重ねてまいる所存です。そして、お客様から「ホテルクランヴィア岡山に来てよかった」「また来たい」「また来よう」とおっしゃっていただけるような、岡山で一番笑顔を集めるホテルを目指したいと考えております。

（2019年9月9日 放送）

奈倉宏治（なくら　こうじ）
株式会社ホテルグランヴィア岡山代表取締役社長
昭和36（1961）年生まれ。昭和60（1985）年日本国有鉄道入社。昭和62（1987）年分割民営化により西日本旅客鉄道株式会社（JR西日本）へ。経営企画、財務、営業、IT、不動産など幅広い分野を経験。平成28（2016）年株式会社ジェイアール西日本ホテル開発を経て、令和元（2019）年から現職。

〝「宇野バスがあってよかったね」を目指しています〟

宇野自動車株式会社
宇野泰正　代表取締役社長
岡山市

――夢を一言でお聞かせください。
宇野：「宇野バスがあってよかったね」を目指しています。
――大正7年の創業以来、岡山県内でバス事業を展開されています。利用する方が快適であるためにどのような取り組みをなさっていますか。
宇野：バスそのものにお金をかけること、それからバス停にお金をかけること。この二つが、我々にとっては一番大事な投資だと考えています。実際に、この数年ですべての車両を新車に入れ替えました。低床タイプのワンステップバスに統一したことで、障害者の方やご高齢の方から、乗りやすくなったとたいへん好評です。
――新しい車両にはどういった工夫があるのでしょうか。
宇野：わが社で一番自慢なのはシートです。手触りのよい分厚いシートで、1時間お座りいただいても快適にお過しいただけます。また、通勤時間をより価値あるものにしていただくために、無料Wi-Fiを完備しまして、座席横にはコンセントを設置し、パソコンで仕事をすることも可能になっています。ほかにも、小さなお子さままでも押しやすいように降車ボタンを座席の裏に付けたほか、安全のために設置する握り棒の数を増やして、何かあったときには

車両やバス停への投資で、お客様の快適性を向上

すぐにつかまれるようにしています。

――バス停の工夫についてはいかがでしょうか。

宇野：バスロケ（バスロケーションシステム）を導入したことで、いまバスがどこにいるのかが利用者にもわかりやすくなっています。現在ではバス停以外でも、パソコンやスマホのアプリで気軽に確認いただけます。また、本社前のバスセンターに導入したカッセルカーブ（縁石）により、バス停にぴったりとバスを寄せることができるようになりました。縁石から10センチくらいまで寄せられますから、お客様の第一歩がバスのステップに掛かることになり、本当に乗り降りしやすいんです。特にお年寄りの方には好評ですね。こういうことを一つひとつ実現していけば、高齢者の利用がもっと増えていくのではないかと期待しています。

――後楽園への直通バスについてはいかがでしょう。

宇野：「岡山後楽園バス」は、岡山駅から後楽園に直通するバスです。後楽園への観光客が増えているにもかかわらず、それまで直通バスはありませんでした。岡山大学が主宰している「岡山まちとモビリティ研究会」の会議の中で提案があり、私どもが手を挙げたわけです。車体の緑色にもこだわって、後楽園行きというのがひと目で分かるようなデザインに仕上がりました。車内では後楽園の紹介ビデオを流したり、パンフレットをお渡ししたりしています。また、料金はワンコインの100円ですから、外国人の方にも好評です。

——運賃についての取り組みはいかがでしょう。

宇野：バスの基本は、安全であることはもちろんですが、使いやすさという面では運賃がかなり大切な要素になると考えています。わが社は、全国の民間路線バス事業者（対キロ区間制運賃制度を採用する、保有車両30台以上、路線の長さ200キロ以上または路線にかかる車両数が100両以上）では一番安い運賃（平成30年3月末現在、国土交通省調べ）ですけれども、気軽に利用いただける運賃設定を目指した結果です。そのうえで、利益が出る体制をどのように整えるかがこれから大事になってくると思います。

——その運賃を実現するためにどういった工夫をされているのでしょうか。

宇野：事務所の社員はほとんど全員が多能工で、例えば経理担当者も運行管理者の資格を持っています。ひとりの社員がいろんな仕事をこなすことで生産性を上げています。また、テレビ電話を使って点呼をしたり、回送を減らしたりするなど、小さなことを積み重ねています。機械化できるところは機械化していき、人手を省くことができれば、働いている者にとっても仕事が楽になることになります。

安い運賃で利益が出る体制づくり

——高齢化が進む今の時代をどのようにとらえていらっしゃるのでしょうか。

宇野：バスの利用者数は下がり続けているのが現状です。他社との競争もあり、さらなる工夫が必要だと考えています。以前、バスの自動運転の実験にも取り組みました。しかし、まだお客様にお乗りいただけるのは当分先の話で、無人化は難しいと思っています。やはり、新しくて乗りやすい車で、いいサービスを提供して、お客様に選んでいただくことが重要でしょう。今は乗務員が不足していますから、運転しやすく疲れないバスで、働きやすい環境を整えていくことが一番の課題だと思って取り組んでいます。

――これからの展望は。

宇野：自動運転が登場したり、ライドシェアが始まったりと、バスもタクシーも「100年に一度の大変革期」と言われています。その中で、我々がどういう移動手段を運営する会社であれば生き残ることができるか、しっかり勉強して、10年後にわくわくどきどきして生き残っている会社を目指します。

（2019年9月16日 放送）

宇野泰正（うの　やすまさ）
宇野自動車株式会社代表取締役社長
昭和28（1953）年4月14日備前市生まれ。昭和51（1976）年3月慶應義塾大学法学部法律学科卒。昭和51（1976）年4月森ビル株式会社入社を経て、昭和54（1979）年2月宇野自動車株式会社入社、現在に至る。趣味は仕事。好きな言葉は独立自尊。

“手作り家具と絨毯で、心地良い暮らしを提案”

津山市

有限会社サシコー家具店

芦田太志 代表取締役社長

――夢を一言でお聞かせください。

芦田：天然素材と手作りにこだわった家具と絨毯で、心地良い暮らしを提案したい。

――作家ものの手作り家具やギャッベなどの販売を手がけていらっしゃいますが、家具の魅力についてお聞かせ下さい。

「天然素材に囲まれた豊かな暮らし」をコンセプトに

芦田：私たちのコンセプトは、「天然素材に囲まれた豊かな暮らし」です。扱う家具は、天然の木の良さを最大限に生かしたもので、手触りがよく、使い込むほどに色つやも良くなり、味わい深くなっていきます。50年、１００年と使い続けていただけるものですので、シミやキズさえも家族の思い出になり、宝物となって、家族の一員として世代を越えて長く愛され続けると思います。

――なぜ、作家ものの家具を扱おうと思われたのでしょうか。

芦田：作家さんの家具には、天然の材料が最大限に生かされています。そして、「世界で一つしかない自分だけのもの」という満足感があります。また、一つひとつの家具にその作家さんの思いが込められていることも、手作りの良さだと思います。

――天然の材料や国産の素材を使うメリットは。

芦田：天然の素材は人にも地球にも優しく、長く使えてゴミにならないということが一番の利点だと思います。また、日本で育った木は、やはり日本の春夏秋冬をくぐり抜けていますから、製品になってからも梅雨時などの気候にも耐えられ、割れや反りが発生しないメリットがあります。私たちは屋久杉を使った家具も扱っていますが、屋久杉は千年以上の時間を経て育った木ですから、その歴史がすべて年輪に刻まれ、力強く美しい木目となって現れてきます。自然が創りだしたものは、人間の意図で作られたものではないからこそ、人々がそこに癒やしを感じるのではないかと思います。

――ギャッベについてはいかがでしょうか。

芦田：「ギャッベ」とはイランの遊牧民カシュガイ族が手織りする草木染めの素朴な絨毯です。もともと自分たちの生活用具として作られていたものが、30年くらい前から日本でも紹介されるようになり、今ではとても人気があります。どれも世界で1枚しかない絨毯ですから、1枚買うと次にまた欲しくなり、2枚目3枚目と購入されるファンの方も増えています。

――どんな特徴がありますか。

芦田：イランのシラーズという高地で育った羊の、脂分をしっかり含んだウールを使用しているので、水をはじいて汚れにも強いのが特徴です。クリーニングが必要ありませんし、一年中使え、50年から１００年はゆうに使えるほど耐久性があります。手触りも柔らかくて気持ちが良く、寝転んでもチクチクしません。裸足で生活する日本人にはもってこいの絨毯だと思います。

――色柄も豊富で、とても鮮やかですね。

芦田：この深みのある色も、すべて現地の草木で染め上げられています。さまざまな植物を混合することで２００色以上の色が出せるそうです。また、絵柄は遊牧民が自分たちの願い事などをモチーフに、大胆な発想で織り上げたもので、この素朴な絵柄に癒やされる方も多いようです。

――国際貢献の取り組みについてお聞かせください。

芦田：絨毯の買い付けのために毎年イランに出向くのですが、そこで絨毯の洗い作業の重労働に携わるアフガニスタンの人たちに出会いました。アフガニスタンからの難民が多くいることを知った私は、ある時アフガニスタンの難民学校を訪れ、子どもたちがとても粗末な小屋の中で勉強している姿を見て、日本とのあまりの違いに大変な衝撃を受けました。それから教育物資の支援を数年続けてきましたが、アフガニスタンに学校を建てたいという夢を持つようになり、ギャッベの売り上げ金の一部を充当する学校建設の構想を立てて、２０１５年に２０００人が通える学校を建設することができました。

ギャッベの販売利益で アフガニスタンに学校建設

――教育の場を提供しようと思われた動機は。

芦田：ギャッベを通じた縁ですから、日頃の感謝を込めて、彼らに何か恩返しをしたいとずっと考えていました。現地の教育体制の不備は大きな問題で、それがテロ等につながっていく「負のループ」を形作っていることから、やはり教育に力を入れていく必要があると感じました。就学への意識が低いため、まずは教育に関心を持ってもらい、たくさんの子どもたちが学校で勉強できる環境を実現したい。そこで学校を建て、今も継続して図書の寄付や活動費の助成を続けています。

――現地での反応はいかがですか。

芦田：子どもたちは元気よく学校に通うことができ、みんな熱心に授業を受けているそうで、「勉強できることが嬉しい」とか「感謝しています」「頑張って勉強しています」といったメッセージをいただいています。将来、そこで学んだ子どもたちが、国際社会で活躍するような人になってくれたらうれしいですね。情勢不安が続く現在では難しいですが、私もいつの日か、その学校に行ってみたいと思っています。早く平和が訪れて、みんなが仲良く通学している姿を見てみたい。難民の方が安心して帰還できるようなアフガニスタンに早くなっていただきたいと願っています。

2Fのギャッベコーナー

――今後の展望は。

芦田：これからも、家具もギャッベも時代を超えて長く使えるもの、イコール「本物」にこだわりながら、素敵な暮らしをしていただけるよう、皆様にいろいろなご提案をさせていただきたいと思っております。

（2019年9月23日 放送）

芦田太志（あしだ　ふとし）
有限会社サシコー家具店代表取締役社長
昭和31（1956）年11月12日津山市生まれ。岡山県立津山工業高等学校建築科から近畿大学理工学部建築学科を経て、昭和54（1979）年サシコー家具店入社。平成3（1991）年同社代表取締役社長に就任。趣味は絵画。

“電線メーカーとして100年企業を目指す”

さぬき市

伸興電線株式会社
尾崎　勝　代表取締役社長

——香川県さぬき市で電線・ケーブルの製造販売を手がけていらっしゃいますが、具体的にはどんなものを作っていらっしゃいますか。

電線を通じて安心・安全のインフラづくりに貢献

尾崎：私たちが製造しているのは、通信用ケーブルやLANケーブルなど、主に「弱電線」と言われる分野の電線です。電気的な信号を伝える用途で、通信、映像、制御といった分野に利用されています。放送関係や電話など通信関係のもの、また火災報知器などに関する設備の制御など、さまざまな分野で多岐にわたって使われる電線を製造しています。生活する中で、安心・安全を感じていただけるようなインフラを整えることが、我々の電線の役割だと考えています。

——通信機器をめぐる環境は、ここ数十年で大きく変わりましたね。

尾崎：当社の60年という歴史を振り返ると、通信だけをとってみても、何度もインフラが大きく変わってきました。その都度、適宜その時代に応じた電線を提供することで、努力しながら今日に至っています。

昔の黒電話で話していた時代から、時代の流れの中で

——夢を一言でお聞かせください。

尾崎：電線メーカーとして100年企業を目指します。

電話機がコードレスになり、昨今では携帯電話、スマートフォンへと変わり、ますます情報の重要性が高まってきています。我々の製品にも、電気信号をノイズから守り、より正確に電気信号が伝わる性質が求められるようになっています。

――これからはどんな時代になると考えていらっしゃいますか。

尾﨑：また新たな通信規格が登場し、「これからの時代は5Gだ」などと言われています。20年前はこれほどスマートフォンが普及するなどとはまったく予想もできなかった時代でしたが、今から20年後に通信や制御の分野ではどういうものが求められるかと考えると、ますます高度な技術が要求されてくると想像できます。その都度、技術革新を伴いながら、新たな需要に見合った製品を提供し続ける努力をしなければならないと考えています。

――「100年企業」を目指されるということでしたが、そのためにはどんなことが大事だとお考えでしょうか。

尾﨑：40～50年後の将来の日本は、少子高齢化のために大幅に人口が減少すると思われます。それに応じて、マーケットもどんどん縮小していきます。そこで生き残っていく企業であるためには、マーケットから厳しい選択を求められる場面も多くなるでしょう。ですから、今以上にクオリティを高め、さらにはデリバリーも含めた「QCD（Quality：品質、Cost：コスト、Delivery：納期）」を高めることが、企業として100年存続できる土台になっていくだろうと思っています。

――拠点の全国展開についてお聞かせください。

尾﨑：2008年に埼玉県に物流センターを構え、以後、大阪、福岡と広げてきました。さらに2020年4月には、岐阜県多治見市に新たな倉庫を構えて、倉庫4拠点態勢でのデリバリーがスタートします。これによって、北海道から沖縄まで全国のお客様に迅速に製品をお届けできる体制が整うことになります。

昨今では、「QCD」のうちのデリバリー（Delivery）が重要なキーワードになってきています。製品を作っても、ユーザーであるお客様にお届けできなければ、結局はモノがないのと同じ事になってしまいます。ものづくりをして、エンドユーザーとして利用されるお客様に、必要なときに必要な分だけきちんとお届けすることによって、初めてビジネスが完結するものだと考えています。30〜40年前と比べると、お客様へのデリバリーのリードタイム（発注から納品に至るまでの時間）は間違いなく短くなってきています。かつては2〜3日かかってもよかったものが、今や翌日の午前中に、あるいは午前中に注文を受けたものを当日の午後に納めなければならないなど、スピードのある対応が求められているのです。そこで、ここ香川から全国のお客様に対応するために、消費地に近い拠点に製品をストックしておき、各地域でデリバリーするという仕組みを築いてきました。

東京、名古屋、大阪、福岡と、これで我々の物流体制が整いますので、その拠点をさらに活用して、全国の皆様にお使いいただけるように努めたいと思っています。

「100年100億企業」を目標に

――現在の目標は。

尾﨑：目標は「100年100億企業」ですが、現在、グループ全体で売上80億円を超えていて、今年60周年を迎えます。これからの40年で売上20億円アップでは少し物足りないとも感じています。整備された流通網を活用しながら、マーケットから選択していただけるメーカーと

本社工場内部

して成長し、ぜひ5年後くらいには売上100億円の目標を達成したいと考えています。

――これからはどんな企業でありたいとお考えでしょうか。

尾﨑：我が社は香川県さぬき市に立地してますが、これからの人口減少の中で、この地域がどれぐらい元気に盛り上がることができるかが大きなテーマになっています。ご縁があってこの地に会社を構えさせていただいているわけですから、我々のできる範囲で地域に貢献し、ご恩返しができるように、継続して頑張っていきたいと思っています。

（2019年10月7日 放送）

尾﨑　勝（おざき　まさる）

伸興電線株式会社代表取締役社長

昭和34（1959）年香川県さぬき市生まれ。昭和57（1982）年追手門学院大学経済学部卒業。同年伸興電線株式会社入社。平成16（2004）年伸興電線株式会社代表取締役社長就任。平成17（2005）年公益財団法人エレキテル尾﨑財団理事長就任。平成19（2007）年公益財団法人平賀源内先生顕彰会会長就任。平成28（2016）年さぬき市商工会会長就任。平成29（2017）年さぬき市観光協会会長就任。趣味はゴルフ。

“時計やジュエリーの魅力を、高松から日本中に発信”

高松市

有限会社アイアイイスズ
飯間賢治　代表取締役

――夢を一言でお聞かせください。

飯間：時計やジュエリーの魅力を、高松から日本中に発信していきたいと思います。

――腕時計やジュエリー、眼鏡などの販売を手がけていらっしゃいます。２０１９年9月にオープンした「アイアイイスズeast」の魅力を教えてください。

新店舗では眼鏡とブライダルに注力

飯間：新しい「アイアイイスズeast」では、創業40周年を迎えるにあたり、当社の原点である眼鏡にスポットを当てています。またブライダルにも力を注いで、女性のお客様にゆっくりと楽しんでいただけるお店づくりを目指しています。

――眼鏡はどのような品揃えになっていますか。

飯間：有名ハイブランドから珍しいアイテムまで幅広く揃え、じっくりと吟味しながら楽しんでいただけるスペースになっています。眼鏡は流行り廃りがあるものなので、その見極めをしながら、お客様に常に新鮮さを感じていただけるような新しい商品構成を心がけています。近年では時計店として知られている当社ですが、創業時には眼鏡からスタートしていますので、自分たちの原点として大事に扱っていきたいと思っております。

──「アイアイイスズeast」の2階はどんな空間になっていますか。

飯間：2階はブライダルサロンで、四国最大級のフロア展開となっています。国内外の一流ブライダルブランドはもちろん、「Lili BRIDAL」のような西日本で唯一の取扱いとなるブランドも揃えております。価格帯もデイリーユースのものからハイエンドのものまで幅広く、若い方から年配の方まで「楽しい」「ここで買いたい」と思っていただけるラインナップを目指しています。

──ブライダル部門を拡大した理由は。

飯間：ブライダルに関しては、もともと本店で扱っていたのですが、本店では時計のラインナップを拡充してきた結果、ブライダルのスペースが縮少してしまっていました。しかし今後、ブライダル部門は女性にとって絶対に必要なものになってくるだろうと考え、新しい店舗を構えるのを期に、女性の方に楽しんでいただけるお店をコンセプトとしてブライダルを大きく展開しました。

──オープンされてからのお客様の反応はいかがですか。

飯間：目が生き生きしている女性の方が非常に多く来店され、皆さんワクワクされているのがわかります。今までですと、時計はちょっと面白くないなという女性の方もいらっしゃいましたが、そういった方々でも目をキラキラさせながら見に来ていただけることに対して、大変に有り難いなと思いながらお迎えしております。

――「アイアイイスズeast」隣の本店も、非常に注目されています。

飯間：「アイアイイスズeast」のオープンにあたり、本店に新たに導入したブランドなどはないのですが、既存のブランドにより大きなスペースを割くことができるようになりましたので、一つひとつのブランドが持つ世界観をしっかりとお客様に伝えられるような店づくりを心掛けています。

――ブライトリングの専門店もオープンされました。

飯間：「アイアイイスズeast」に併設された「ブライトリングブティック高松」は、東京・大阪・福岡に次いで全国で4店舗目となるブライトリング正規販売店のフラッグシップショップとなっています。今まで日本で3店舗でしか味わえなかったブライトリングの世界観を、ここ高松でも存分に味わっていただけるような空間づくりになっております。

――ブライトリングにはどのような魅力があるのでしょうか。

飯間：ブライトリングは当社が1992年から取り扱っているブランドで、私どもの思い入れも非常に強い、最も大事にしているブランドの一つです。ブライトリングは自社製品を「プロのための計器」と位置づけていて、実際にパイロットの方と組んでものづくりをしたり、ダイバーの方と一緒になってダイビングウォッチを研究・開発したりして、どうすれば視認性や装着感が良くなるのか、緻密に計算しながら製品を作り上げるという、たいへん独自性の強いブランドだと思っています。

厳選した商品でワクワクする店づくりを

――お客様は、どのように楽しんでいらっしゃいますか。

飯間：全国に4店舗しかないお店ですので、香川県内だけでなく、四国から、さらに遠方から、非常に多くの方に足を運んでいただいております。ブライトリングの世界に触れた皆さんから「おー！」と感動していただけることは、たいへん幸せに思います。

アイアイイスズ本店（手前）とアイアイイスズeast（奥）

──今後の展開はどのように考えていらっしゃいますか。

飯間：本店にはさまざまな時計があることで男性にとって魅力的な店づくりができ、また「アイアイイスズeast」では女性が楽しめる店づくりをしています。そして「ブライトリングブティック高松」に関しては、自分たちのベースといえるブランドですから、より注力することによって、男性も女性も、そして若い方から年配の方まで幅広く、ここに来れば何か自分の好きな物、目当ての物が見つかるといったお店を目指していきたいと考えています。

──では、改めて夢をお聞かせください。

飯間：「ここで買って良かった！」とお客様から言っていただくことが私たちの目標です。これからも審美眼を養い、厳選した商品と空間づくりを目指して、お客様にご提案していきたいと思います。

（2019年10月14日 放送）

飯間賢治（いいま　けんじ）
有限会社アイアイイスズ代表取締役
昭和56（1981）年高松市生まれ。平成17（2005）年有限会社アイアイイスズ入社。平成28（2016）年取締役執行役員を経て、令和元（2019）年9月20日代表取締役に就任。趣味はスポーツ観戦、温泉旅行。座右の銘は「初志貫徹」。

“エネルギーが自給自足できる、災害に強い住宅を”

倉敷市

株式会社エコライフジャパン
嶋田昌浩 代表取締役社長

——夢を一言でお聞かせください。

嶋田：エネルギーが自給自足できる、災害に強い住宅をつくりたいと思っています。

——太陽光発電システムの設計・施工・管理などを手がけていらっしゃいますが、目指しているのはどんな住宅でしょうか。

次世代型の省エネ住宅を通して社会に貢献

嶋田：太陽光発電を利用して電気を自給自足し、ＨＥＭＳ（ヘムス）システムを使ってエネルギーをコントロールする、次世代型の省エネ住宅を目指しています。私たちはそうした「次世代省エネハウス」、いわゆる「スマートハウス」を通して、社会のお役に立ちたいと考えています。

——スマートハウスのシステムについて教えてください。

嶋田：スマートハウスに欠かせないのが、家庭で使うエネルギーを節約するための管理システム「ＨＥＭＳ（ヘムス）」です。私たちが扱うのは、ＡＩ（人工知能）などの技術を搭載した「ＡＩＨＥＭＳ（アイヘムス）」という最新のシステムで、スマートフォンのアプリを利用して太陽光発電システムと家電をつなぎ、家庭内のエネルギーの使用量をモニタリングしたり、家電機器を自動制御したりします。リモコンをアプリに集約することで家庭のリモコンを

なくし、アプリでエアコンや照明をつけたり消したりできるほか、外から家電をコントロールすることもできます。さらに、家庭内に設置したカメラと連動することによって、家の外から自宅の映像を確認したり、離れた地域に住む高齢の家族を見守ったりすることが可能です。働く女性が職場にいながら自宅で留守番する子どもたちの様子を見られるだけでなく、スマートフォンと連動したマイク機能を使ってコミュニケーションをとることもできるなど、非常に多機能なシステムになっています。

――実際に使っている方からは、どんな声が聞かれますか。

嶋田：ドアロックを連動させることができますので、子どもが鍵を持って外を出歩かなくていいので安心できるとか、リモコンが室内に散らばって見つからないということもなくなるため大変に便利だという声が届いています。さらにアプリが太陽光発電と連動することによって、今どのくらいの量を発電しているのか、蓄電池にどのくらいたまっていて家電がどのくらいの電気を消費しているのかといった状況をすべて「見える化」することができるので、節約の面から考えても大変に重宝しているといった声が聞かれます。

――エネルギーの自給自足も可能なんですね。

嶋田：太陽光発電だけ、蓄電池だけでは自給自足はできないのですが、太陽光発電と蓄電池を組み合わせることによって、太陽光で発電した電気を蓄電池に蓄電して、たとえ災害で停電が起きた時でも、蓄電池の電気を使って自宅の電気をまかなうことが可能となっています。

――太陽光発電システムや蓄電池の需要の状況はいかがですか。

嶋田：昨今、太陽光発電の売電単価が値下がりしてきており、太陽光発電を付けてもあまりメリットがないというお客様も増えてきているのですが、これからは太陽光で作った電気を売るのではなく、自宅の電気として使っていただく時代です。発電したエネルギーを蓄電し、上手にコントロールして使っていくという、太陽光発電の第2フェーズに移り変わってきています。太陽光発電の普及率に関しては、まだ多くの家に普及できているとはいえない状況ですが、防災対策にも有効ですし、太陽光発電と蓄電池はこれから必須のものになってくると思います。

――HEMSシステムの需要についてはいかがでしょう。

嶋田：ZEH（ゼッチ）住宅、つまり「高気密高断熱の省エネルギー住宅」というものを国が推奨していて、そのZEH住宅の基準を満たすためにはHEMSシステムの導入が必須となっています。また、使っている電気が見えるということは、それだけ節電や省エネに対する意識が高まるということにもつながりますので、HEMSシステムは今後どんどん普及が進んでいくのではないかと考えています。

災害時の避難スポットとなる「防災セキュリティゾーン」で地域に安心を

――防災セキュリティゾーンについてご紹介ください。

嶋田：防災セキュリティゾーンは、障がい者用の駐車スペースなどに屋根付きのカーポートと太陽光発電をセットで提案する商品です。体の不自由な方や車いすに乗っている方が雨にぬれることなく買い物ができ、施設を利用しやすくなるだけでなく、カーポートの太陽光発電に蓄電池機能が付いた充電スタンドを連動させ、周囲には簡易井戸や簡易トイレなどを併設することで、災害が起きた時の避難スポットとして解放できることをコンセプトとしています。大型スーパーマーケットや商業施設をはじめ、市町村や体育館、公民館といった公的機関、さらに銀行や大きな企業など、避難スポットとして有効な場所や企業に対してＰＲしていきたいと考えています。

――この「防災セキュリティゾーン」の今後の目標は。

嶋田：災害時、皆さんがお住まいの範囲にこうした避難スポットがあれば、地域としても大きな安心につながっていくと思います。さらに弊社としては、この防災セキュリティゾーンを家庭レベルで活用していただけるよう、ゆくゆくは防災セキュリティゾーンの機能そのものを住宅の中に組み込み、各家庭で防災に対する備えが整うことを目標として商品開発を進めています。

――相次ぐ自然災害で、防災の意識は高まっています。

嶋田：水や食べ物はもちろんのこと、まず第一に大切になってくるのが電気やエネルギーといったライフラインの確保です。「防災セキュリティゾーン」は、それを解決できる手段の一つだと弊社では考えています。人々が安心して安全に暮らせる町づくりに貢献し、不安を少しでも取り除けるような役割を担っていくことができれば、当社にとって非常に意義のあることではないかと感じています。

――では、改めて夢をお聞かせください。

嶋田：「企業は人なり～必要とされる人になろう～」という経営理念のもと、地域の皆様から必要とされる人や企業に成長していけるよう企業活動を邁進してまいります。

（２０１９年10月28日 放送）

嶋田昌浩（しまだ　まさひろ）
株式会社エコライフジャパン代表取締役社長
昭和54（１９７９）年大阪府生まれ。平成10（１９９８）年府立長野高等学校卒。平成13（２００１）年三共住販株式会社入社。平成21（２００９）年株式会社エコライフジャパン設立。趣味は読書。好きな言葉は「一寸の光陰軽んずべからず」。

〝対話と実践で地域を元気にする学生を育てる〟

高松大学・高松短期大学
佃 昌道 学長
高松市

――夢を一言でお聞かせください。

佃：対話と実践に重きを置き、地域を元気にする学生を育てます。

――高松大学では発達科学と経営の2学部、高松短期大学では保育と秘書の2学科で合わせて約900人の学生が学んでいます。まずは重視していらっしゃる「対話」についてお聞かせください。

佃：建学の精神の第一に「対話にみちみちた　ゆたかな人間教育をめざす」という言葉があります。対話にもいろいろなものがありますが、対話する前に大事なのが「気づき」です。「気づき」によってさまざまな対話が生まれるので、まずはその「気づき」を重ねていく。すると自然と対話ができるようになる。そんなふうに、本学の学生には「気づき」と「対話」をしっかりと教えていきたいと思います。

対話にみちみちた ゆたかな人間教育をめざす

そして、その中心になるのが研究室活動という場です。先生と学生が週に一度顔を合わせて、さまざまな「気づき」をもとに対話を重ねていきます。これが、本学で一番大事にしている部分です。

――「対話」のために、先生方はどんな工夫をされてい

るのでしょうか。

佃：まずは学生の名前を覚えることから始まり、一人ひとりの個性を大切にしてあげることです。学生をよく知ることと、学生をよく理解することが大事であろうと考えています。そのために、授業中でも授業外でも、先生は常に学生とよく話しています。

――学生の様子をよくご覧になっていますね。

佃：教壇に立つ時だけではなく、学内を巡回しながら学生の反応を見ています。学生の反応にもそれぞれ個性がありますから、その反応を見ながら「この子はこんなことを考えているんだな」と考えることにより、自分も成長できますし、学生の気持ちも分かってくるのではないかと思います。何事も話さないと分かりませんからね。

――また、こちらでは「実践」ということも大事にされています。

佃：「実践」も実は「気づき」から始まっています。何かを実践しようと思うことによって、気づきが行われるのです。課外授業や教育実習、保育実習、インターンシップなど、学外でさまざまな活動を行うことで、実際の社会に触れることになります。そういった社会の中で自分が何かを見つけることができれば、それが「気づき」となります。学生はそこで失敗をすることがあるわけですが、その失敗が大事で、その社会での失敗の経験を通して気づくわけです。その「気づき」が次の成功につながっていきます。

また、学内で実践的な演習を行うことによっても「気づき」を得られます。例えば、秘書科であればいろいろな接遇を学ぶわけですが、知識やマナーを身につける中で「自分がこれができるようなったな」という「気づき」が、さらなる成長につながっていくと考えています。

オープンな授業で社会人も聴講
地域と共に育っていく大学へ

――社会人の方も聴講に来られていますね。

佃：本学には、生涯学習も含めてたくさんの人たちが大学を訪れています。今日は「うどん学」の授業をしましたが、興味を持たれた社会人の方が、毎年何人か聴講生として受講されています。大学の学問を広く一般の方にも知ってもらうことがねらいで、若い方だけでなく、いろんな年齢層の方に学んでもらえることが、地域を元気にすることにつながると考えています。とにかく出し惜しみせず、学校の授業をオープンにしていく考えです。

――就職率が非常に高いと伺っています。

佃：概ねほとんどの学部学科で100%就職をしています。これも、学外でさまざまな実践活動を経験することによって、自分の将来をしっかり見据えることができるようになるからだと考えています。失敗しても、「私はここが得意ではなかったんだけど、こちらは得意だ」と気づき、その得意なものを就職につなげていく。そんなふうに自分の道をしっかり選択することができるようになるのではないかと思います。もちろん就職指導も大事で、たくさんの卒業生がいますから、OB・OGの声も聞きながら、その学生に合った職業選択を心がけています。

――社会が求める人材を育てるために、講義内容も工夫されています。

佃：社会のニーズをしっかりととらえること、それも今の社会ではなくて、少し先の社会を見据えてカリキュラムを組み立てていくことが大事だと考えています。例えば、これから先は医療事務が必要だなと感じたら、少し早めに始めて、ちょうど人材が必要になる時期にうまく就職できるような体制を取っておく。そのように、社会の反応をしっかり考えていかなくてはいけないと思っています。

――今後はどういった人が必要とされるとお考えでしょうか。

佃：「人生100年時代」と言われています。長い人生ではいろいろな課題にぶつかると思いますが、その課題に気づき、そして課題を解決していく人材が求められるのではないかと考えています。課題に気づけなければ解決しようがありませんから、まずは課題を見つけていくこと。そしてもう一つ、社会に出てから、その課題を見つけるためにもう一度自分で勉強すること。大学で培った勉強の仕方をしっかり活用しながら、次の新しいものにチャレンジしていく。そういう時代になっていくのではないかと思っています。そして、ここでもやはり「気づく」ことが大事になってくるのだと思います。

――今後の展望は。

佃：本学は「地域と共に育っていく大学」だと思っていますので、「地域感」というものをしっかりと持って、この地域は何が強くて何が大事なのかを考えています。やはり高松市は商都なので、商いは大事なことでしょう。では、これから大事になる商いとは何なのか。これを、学生たち、商店街の人たちなど、いろいろな視点を持ち寄って話し合い、未来の課題を見つけていく。高松大学としては、そういった活動が大事なのではないかと考えています。

――では、改めて夢をお聞かせください。

佃：地域で自己実現をして、この地域でしっかりと自分の夢を語れる学生をつくっていきたいなと思っています。

（2019年11月4日 放送）

佃　昌道（つくだ　まさみち）

学校法人四国高松学園理事長、高松大学・高松短期大学学長
昭和32（1957）年高松市生まれ。東京電機大学工学部電子工学科卒業。昭和60（1985）年高松短期大学秘書科助手に就任。平成10（1998）年高松短期大学秘書科教授に昇任。平成16（2004）年高松大学・高松短期大学学長、平成20（2008）年学校法人四国高松学園理事長に就任。平成27（2015）年高松市総合計画審議会会長、平成30（2018）年香川県文化振興審議会会長、高松市中心市街地活性化協議会会長に就任。

“手作りの家具と絨毯を皆様にご紹介したい”

観音寺市

株式会社すぎむら
杉村高志　代表取締役

——夢を一言でお聞かせください。
杉村：手作りの家具とイランから仕入れた絨毯を皆様にご紹介したい。

——天然木の家具の製造販売を手がけ、イランの手織り絨毯「ギャッベ」の販売にも力を入れていらっしゃいます。このギャッベについて詳しくお聞かせください。
杉村：「ギャッベ」はイランの遊牧民カシュガイ族の手織りの絨毯です。羊や山羊と遊牧生活を送っているカシュガイ族は、苛酷な環境下で暮らしながら、大自然の中で素晴らしい色彩の絨毯を作り上げます。イランは日中の気温が40度を越える日でも、夜には零度近くまで下がるなど、寒暖差の激しい土地ですので、そこで使用される手織り絨毯ギャッベは、同じく寒暖差があり湿度の変化も大きい日本の気候にも適していると言えます。

直接現地で買付けた手織りのギャッベを販売

私たちは、このギャッベのことをたくさんの方に知っていただきたいと思い、ギャッベについて学び、より良いギャッベを仕入れるために、直接イランまで買付けに行っています。

——ギャッベの製作はとても手間のかかる作業ですね。
杉村：ギャッベにはいろいろなサイズがありますが、大きなサイズのものになると3、4人の織り子さんが1年

以上かけて織り上げることもあります。一朝一夕にできる技術ではなく、製作には非常に長い時間をかけている絨毯です。

織り子さんたちは羊と共にテント生活を送っています。彼らにとって羊は絨毯を織る素材になるものですから、単なる家畜とは違います。現地は、電気も水道もなく、我々日本人には想像もつかないような環境ですが、織り子さんたちはとても楽しそうに生活しています。彼女たちのその楽しさ、明るい人柄が、絨毯のデザインにもにじみ出ていると感じます。ギャッベは全く図面なしで織り上げるもので、全く同じものは二つとなく、すべてが一点物と言えます。その自由な発想による素朴なデザインがギャッベの大きな魅力の一つとなっています。

――どのような素材で作られているのでしょうか。

杉村：ギャッベはすべてウール１００％です。イランの羊は、他の国のどの羊とも品種が異なり、堅くてコシはあるけれども、全くチクチクしないという特徴がありまｓ。洋服には使いづらい素材ですが、絨毯にはこれ以上ないくらい適した素材となっています。どうしてイランの手織り絨毯が素晴らしいかといいますと、このウールの質が優れている点が大きいのではないかと思います。

――色彩もとても素敵ですね。

杉村：わが社で扱っているギャッベは、ゾランヴァリというブランドのものです。化学染料を使わず、天然の草木染めで一つひとつ手間暇をかけて染められているので、肌に触れても安全ですし、安心してお使いいただけます。ゾランヴァリというブランドは、草木染めで仕上がっているという証明でもあるのです。

――肌触りや使い心地はいかがでしょうか。

杉村：わが社が絨毯をご紹介し始めてちょうど10年になりますが、このウールはコシがしっかりしているのにチクチクすることもなく、非常に滑らかな肌触りだと、皆さんから喜んでいただいております。一般の絨毯とは違って裏面にも接着剤を一切使っていないため、非常に通気性がよいのが特徴となっています。全くべたつくことがないので、季節によって気温や湿度の変化が激しい日本でも、一年を通してストレスなく使えるものとなっています。

――どのくらい長く使用できるのでしょうか。

杉村：「オールドギャッベ」や「アンティークギャッベ」と呼ばれる古いものがあるのですが、わが社が皆さんにご紹介している「オールドギャッベ」のなかには、土足のままで30～40年使用したものもあります。もちろん日本では土足で絨毯の上を歩くという習慣はありませんので、通常の使い方であれば50年でも１００年でも問題なく使っていただける丈夫なものだと思います。また、本物の天然ウールの草木染めですから、使い込んだときの風合いにも味わい深いものがあります。

ギャッベが耐久性に優れている理由は、ウールの素材自体が良いのと、ペルシャ結びという伝統的な技法で織り上げているからです。お客様の中にはイヌやネコを飼っていらっしゃる家もたくさんありますが、たとえネコが絨毯を引っかいたとしてもびくともしないくらい丈夫なものとなっています。

――ギャッベの魅力を地域の皆さんにどのように感じてほしいですか。

杉村：ギャッベというものをご存じの方は、まだまだ少ないと感じています。このギャッベという絨毯が、いかに使いやすく、楽しく、愛着を持って使用できる絨毯か

イランから織り子を招いた「異文化交流会」開催

を、たくさんの方に知っていただきたいと思います。

——お店では小学生を迎えての企画も実施していらっしゃいます。

杉村：今回、私の母校でもある、地元の豊田小学校の2年生にお店に来ていただいて、遊牧民の皆さんと触れ合い、織りの技術を知っていただく機会として「異文化交流会」を設けました。こういった機会が、広く海外に目を向け、絨毯に興味を持つきっかけになればと思い、毎年開催しています。イラン・カシュガイ族の人たちのテント生活や、普段の食べ物を紹介すると、子どもたちは驚いていました。今回の異文化交流会を通して、自分の知らない世界はたくさんあるんだということを知るきっかけになればと思います。

異文化交流会の様子

——では、改めて夢をお聞かせください。

杉村：私たちは若いスタッフばかりですが、より良い家具を作るため、より良い絨毯を仕入れて販売するために、スタッフ全員がしっかり勉強して、販売においてお客様に誠実に向き合い、商品一つひとつを大事にご紹介していけたらと考えています。

（2019年11月11日 放送）

杉村高志（すぎむら　たかし）

株式会社すぎむら代表取締役

昭和55（1980）年香川県観音寺市生まれ。観音寺市中央高校卒、神戸学院大学中退。平成12（2000）年に漆樹彩館すぎむらに入社、平成25（2013）年法人化と同時に株式会社すぎむら代表取締役に就任。好きなことは「お酒を飲むこと」。好きな言葉は「人間万事塞翁が馬」。

〝岡山で住宅と不動産をワンストップで提供〟

岡山市

株式会社トータルホーム
髙橋茂樹 代表取締役

――夢を一言でお聞かせください。

髙橋：岡山で住宅と不動産をワンストップで提供していきます。

――注文住宅や分譲住宅、リノベーション事業を手がけていらっしゃいますが、御社の商品の特徴を教えてください。

高品質な超ローコスト住宅「ＭＯＭＯはうす」を提案

髙橋：注文住宅では、「ＭＯＭＯはうす」という超ローコスト住宅を手がけています。住宅購入者が「安くて良い家が欲しい」と思うのは当たり前のことだと思います。ところが、安いだけの家や、良いけれど高い家はあっても、「安く」て「良い家」の両方を備えている家はなかなかありません。そこで、我々はいまそれにチャレンジしています。

「ＭＯＭＯはうす」では、建物本体の価格は２ＤＫで768万円のモデルを基準にしており、このほか３ＬＤＫ、４ＬＤＫなど間取りやデザインのバリエーションを含めて全部で55パターンを用意しております。この中から皆さんのライフスタイルに合う家を選んでいただき、さらにそれぞれの個性を取り入れながら、少しおしゃれ感も付加して、今の若い世代の方に合う「安くて良い家」を造っています。

――お客様の反応はいかがですか。

髙橋：当社で家を建てたお客様には本当に喜んでいただいています。我々が超ローコスト住宅「ＭＯＭＯはうす」を手がけて今年で6年目ですが、おかげさまで年々棟数も増えていっております。

世間一般のイメージとして、「安かろう、悪かろう」という印象が多少はあるかと思いますが、我々はそこを完全に払拭したいと考えています。「ＭＯＭＯはうす」の値段は安いのですが、断熱性能や気密性能が高く、サッシも高性能のものを採用しています。サッシは家の性能をよく表わすものです。樹脂サッシに加えLow-E加工（金属膜でコーティングし断熱性を高めた）ガラスを採用していますので、住み心地が全く違います。これは価格の高い家と比べても遜色ないレベルのものです。お客様にはそれまでアパートに住んでいらっしゃった方が多く、高性能のアパートは多くありませんから、そこからの住み替えとなると、本当に住み心地がよいと言われます。

――「ＭＯＭＯはうす」は、なぜ超ローコストが実現できているのでしょうか。

髙橋：我々はもう一つ「ZERO-CUBE」という家を造っています。「ＭＯＭＯはうす」は岡山だけで実施している企画ですので、まだ棟数もそれほど多くはないのですが、

「ZERO-CUBE」は全国的なフランチャイズのものを導入しており、現在、全国で約１６０店舗の加盟店が年間合計３０００棟くらいの家を建てています。このスケールメリットをそのまま「ＭＯＭＯはうす」に活かすことで、超ローコストを実現しています。

やはり家を持つというのは一つのロマンです。購入者からも、ロマンが達成できて毎日家に帰るのが楽しみになったとお聞きしています。私自身も6年前に自宅を「ZERO-CUBE」で建ててマンションから移ったのですが、やはり住み心地が良いですし、家に帰るのも楽しいなと感じています。

――購入されるのはどのような方でしょうか。

髙橋：初めて家を買う方がほとんどで、近年、建て替えだという方もちらほら出てきています。年代的には20歳代後半から40歳代前半くらいまでの方が一番多いですね。どちらかというと収入が多い方ではないけれども、がんばって家を建てたいと考えている方。我々のお客様はそういった若い方々がメインだと思っています。

――家を建てるというのはとても大きな夢です。

髙橋：家を買うことによって、生活にいろいろと無理が出てきたとしたら、それは寂しいことだと私自身も感じていますので、なるべく家賃程度の金額で毎月の支払いが済むような形で家を建てていただくことを目指しています。

お引渡し後もお客様と一生のお付き合いを

――お客様の様子をご覧になって、どのように感じられますか。

髙橋：家というのは非常に良いビジネスだと思っています。家を造って終わりではなく、家が完成してお引渡しをした後も、お客様とは一生のお付き合いができるからです。当社では夏にバーベキュー大会、冬にはクリスマス会を開催して、年に2回、お客様のご家族をお招きして一緒になって楽しんでいただき、いろんな方々とお話ができるのをとても楽しみにしております。お客様のライフスタイルの中に我々が一緒になって参加でき、子どもさんが成長されていく姿が見られるのがうれしいですね。こうして、どのお客様とも、ずっと一生のお付き合いを続けていけたらと考えています。そのためにも、良い家を安く提供し続けていかなければと思っています。

――家は今後どんなふうに進化していくのでしょうか。

髙橋：ここ4、5年は、国のほうから住宅性能を上げるようにという指導が続いています。長期優良住宅やZEH（ゼッチ）などの高性能住宅が推奨される中で、我々ローコスト住宅業界でもどんどん性能が上がってきています。もちろん性能を上げれば上げるほどコストがかかるので、安く提供するのが難しくなるわけですが、きちんと研究しながら解決に取り組んでいます。国の指導は「良いモノ」「長く使えるモノ」をつくっていこうという方向に変わってきていて、これからもずっと続いていくのではないかと考えています。

――では、改めて夢をお聞かせください。

髙橋：住宅と不動産の融合ということに、今我々は取り組んでいます。建築と不動産の両方を自社でワンストップでやっている会社というのは、岡山にはまだ少ない状況です。我々は今「注文住宅」「分譲住宅」「リフォーム」に取り組んでいますが、これに「不動産」「土地活用」を加えた5つの柱をメインとして、4年後には岡山ナンバーワンの企業になっていることを夢として、みんなで取り組んでいるところです。

（2019年11月18日 放送）

MOMOはうす岡山店

髙橋茂樹（たかはし　しげき）
株式会社トータルホーム代表取締役
昭和42（1967）年岡山県総社市生まれ。昭和61（1986）年岡山県立倉敷工業高校機械科卒。27歳で創業。平成6（1994）年3月総社市にて、ハウスクリーニング、内装を中心としたトータルメンテナンス事業を開始。平成12（2000）年、現ローコスト住宅をスタートさせる。趣味はゴルフ、テニス。

〝おいしさ、楽しさ、心地よさを提供し続ける〟

津山市

株式会社ペブルフードオペレーション
河原弘子 代表取締役

——夢を一言でお聞かせください。

河原：夢はすべてのお客様とスタッフに、おいしさ、楽しさ、心地よさを提供し続けることです。

——津山市や岡山市で「らーめんふぁみりー」を展開していらっしゃいます。新たにスタートした食パン店についてお聞かせください。

ラーメン店に加えて食パン専門店をオープン

河原：私たちの新しい挑戦として、2019年9月に「純生食パン工房HARE/PAN（ハレパン）岡山店」をオープンいたしました。このパンの大きな特徴はフワッとした食感で、ほのかに甘い食パンです。みみまでおいしく食べられるのがポイントです。食材にこだわり、バターやマーガリン、ハチミツなど厳選した素材を使って、一つひとつ丁寧に、こまやかに作り上げています。

——「HARE/PAN」というブランドについて教えてください。

河原：本部は埼玉県にあり、関東を中心に急速に増えてきていますが、中四国ではここ岡山店が初めての出店になります。いろいろな方との出会いのなかで、ご縁があってこの食パンを紹介いただき、実際に埼玉まで出向いて並んで買って食べてみました。すると、本当においしくて、これを絶対に岡山の人に食べていただきたいなと思い、すぐに出店を決意しました。

――オープンしてからの反響はいかがでしょうか。

河原：おかげさまで多くの方にリピートしていただき、「おいしいね」「また買いに来たい」という声を多くいただいておりますので、ぜひ、また岡山県内に新しい店をつくりたいと考えています。

――お店ができると、その地域にもいい影響がありますね。

河原：新しい場所に新しい店ができると、お客様においしい食パンを食べていただく喜びを広げることができますし、地域の方を雇用することで地域を活性化するお手伝いが少しでもできるのではないかと考えています。また、おいしさというものは人を幸せにすることができるものだと感じています。わが社のパンのおいしさがどんどん広がって、素晴らしい笑顔あふれる岡山づくりのお手伝いができたらうれしいですね。

――スタッフもみなさん生き生きと仕事をされています。

河原：みんなパンを作る経験のない初めての方ばかりなのですが、きちんとした指導がありますから、すぐにできるようになります。私も時々お手伝いに入らせてもらうのですが、焼きたてのパンの良い香りがして、一つひとつの工程に細やかな神経を巡らせてモノを作る楽しさで、作っている私自身がとても幸せになれるのです。その楽しさが、きっと食パンの味にも反映されているのではないかと思います。

――お客様からも工房が見えるオープンなデザインの店

舗になっています。

河原：作業しながら、お客様に「いらっしゃいませ」とか「ありがとうございます」という感謝の言葉を伝えられます。小さなお子さまが窓ガラスを通して、中で作っている私たちに手を振ってくださったり、逆に私たちは馴染みのお客様が来られたら「いつもありがとうございます」とあいさつしたりすることもできますから、機能的にも優れた店舗だと思います。

おいしさを通じて、笑顔あふれる岡山づくりのお手伝いを

――どんなお気持ちで「食」という仕事に取り組んで来られたのでしょうか。

河原：最初のお店である「らーめんふぁみりー」は、今から33年前に津山で1号店がオープンしました。その後、真庭市の久世、そして岡山市の津島京町でもオープンし、現在もこの3店舗でラーメンを中心とした中華ファミリーレストランを経営しております。

大切にしているのは、地域のお客様に本当に喜んでいただくためにはどうしたら良いかを考えることです。まず原材料、食材にこだわり、工程にこだわり、作り方にこだわり、接客にこだわることで、お客様が本当に心地良いと感じられる環境をつくり、「おいしかった。また来たい」と思っていただけるお店づくりを目指してきました。

――長期間にわたって地域の方に愛されてきた理由は。

河原：「らーめんふぁみりー」という名前のとおり、ラーメン専門店ではなくて、家族で来られる店がコンセプトです。おじいちゃん、おばあちゃんでも、あるいは小さな子どもさんでも、また昼時にサラリーマンの方が気軽にランチとして利用することもできる。そうした幅広いメニュー構成が長く営業を続けてこられた理由ではないかと思っています。

――スタッフの方もファミリーのようだと伺っています。

河原：最初はお母さんがパートで働きに来てくれ、のちに大きくなった子どもさんが今度はアルバイトで来てくれたり、あるいは学生時代にアルバイトに来てくれていた方が、いったん地元を離れ都会に出たけれど、結婚して地元に帰って来て今度はパートさんとして働き続けてくれたりと、親子や兄弟、部活の先輩後輩というつなが

りも多く、スタッフ同士でもファミリー的な付き合いが続いている方がたくさんいます。

――あたたかい雰囲気づくりの秘訣は。

河原：中心となってくれる店長をはじめとした幹部が、この三十数年間、本当に「らーめんふぁみりー」の名にふさわしい雰囲気を作ろうと努力し続けてくれたおかげだと思っています。それがうちのカラーとなり、この雰囲気に合う人が長く勤めてくれて、ますます店をもり立ててくれています。

らーめんふぁみりー津山店

――料理については、30年の間にどんな変化がありましたか。

河原：常に勉強する事を欠かさず、広く勉強会やセミナーに出たり、業者さんたちとも情報交換を重ねたりして、今では30年前とは全く違うラーメンになっています。以前は購入していた麺も、うちのラーメンに合う自家製麺に替え、ラーメン屋でありながら魚を使ったメニューを考案するなど、常に挑戦し続けています。

――これからの展望は。

河原：「食の安全」を守りながら、特徴でもある家族的なあたたかさといった「らーめんふぁみりー」らしさは失わないで、幅広いお客様のニーズに応えられるような店をスタッフと共に一生懸命作り上げていきたいと思っています。

――では、改めて夢をお聞かせください。

河原：これからもすべてのお客様に笑顔と満足感を提供できるように、全社一丸となって挑戦し、進化してまいります。

（2019年11月25日 放送）

河原弘子（かわはら　ひろこ）

株式会社ペブルフードオペレーション代表取締役
昭和28（1953）年津山市生まれ。岡山大学教育学部卒。昭和61（1986）年夫と会社設立。らーめんふぁみりー津山店・久世店・岡山店、ぎょうざ工房、麺じゃ工房、純生食パン工房HARE/PAN岡山店を経営。平成29（2017）年に代表取締役就任。趣味は、読書・旅行。好きな言葉は「感謝・ありがとう」。

〝「電気設備に関する技術集団」として社会に貢献〟

岡山市

カジノン株式会社

石井貴朗　代表取締役

――夢を一言でお聞かせください。

石井：「電気設備に関する技術集団」として、プロを育成し、社会に貢献したい。

――電気や消防の設備工事を手がけていらっしゃいますが、御社の特徴を教えてください。

設計・施工から点検・メンテナンス、改善提案まで一貫して対応

石井：わが社はパナソニックの防災代理店として誕生しました。当初は施工のみでしたが、その後設計・施工から点検・メンテナンス、改善提案まで一貫して対応できることを意識してきました。現在では、電気が流れるものすべてに関して、社内でワンストップで手がけられる体制を構築しようと努力しているところです。

お客様にとっては、企画から施工、そしてメンテナンスまでを同じ会社が対応してくれることが一番の安心につながると考えます。施工だけ、点検だけにならないように、お客様のためにできることの幅を増やして対応していこうと思っています。

――若い世代の方が生き生きと働いていらっしゃいますね。

石井：若い人には、腕に技術を持って生きていく生き方を自分の選択肢に取り入れて欲しいと思っています。そのためにも、この業界が若い人にとって魅力ある職場で、格好良く、やりがいのある仕事だという印象をもっても

らえるよう取り組みを進めています。

その一つとして、地産品であるデニムを使った制服を作りました。熟練した技術者になるとデニムが少しずつ色落ちして、より格好良くなるのではないかとイメージしています。社員も、格好良い制服を身にまとうと、自分たちのスキルが恥ずかしいものではダメだと感じるようで、一生懸命に先輩を見たり、指導を受けたりしてくれています。

――これからの若手の成長を、どのように考えていらっしゃいますか。

石井：きついし厳しいということで若い子に敬遠されがちな業界ですが、当社なりに工夫することで、毎年新入社員を迎え入れることができています。若い人に「電気は町を明るくする良い仕事だ」ということを伝えながら、毎年途切れることなく採用を続けていけば、この業界の活性化に少しでも貢献できると考えています。業界が活性化すれば若い人がもっと増えていくと思いますので、私たちの会社がそのスタートになればいいなと思い取り組んでいます。

――新たな分野の事業にも取り組んでいらっしゃいます。

石井：電気設備の技術で将来も食べていってほしいと考えたとき、資格を取得したり現場の技術を磨くことも当然大事なのですが、同時に仕事のやりがいも大切です。そのためにも電気技術者が主役になれるような場所を作っていかないといけないだろうと考えました。たとえば照明をたくさん付ける場所とか、温度や湿度、照度をコントロールすることの多いところなら、主役になれる仕事がたくさんあるはずです。そこで我々から提案したのが、岡山市の公衆トイレの改修や、商店街の建物のリノベーション、完全閉鎖型ＬＥＤ植物工場などです。

公衆トイレから植物工場まで 電気技術者が主役になれる場所を提案

——公衆トイレの改修についてはどのような提案をされたのでしょうか。

石井：岡山市内にはかなりの数の公衆トイレがありますので、この設備を我々の技術を使って市民にとってもっと生かせるスペースにし、もっと日の当たる場所にしようと考えて改修に取り組みました。それが「西川緑道公園トイレ　Hare・ル〜ノ　Produced by KAJINON Inc.」です。

西川のトイレに太陽光パネルを設置し、それを蓄電して照明を灯すシステムを導入しました。これにより、停電時でもいくらかの照明が灯ることになります。「真っ暗な中に明かりがあって良かった」と思ってもらえるような場所を作りたいと思い取り組みました。また、家庭で使っているようなきれいなトイレを採用したり、女性用トイレには化粧直しのできるような照明をつけたりしました。西川緑道公園のトイレということで注目され、「あれ、知っているよ」と言っていただけるのは私どもの喜びで、町のために貢献できたとうれしく思っています。

——表町の「ヒバリ照ラス」も注目されています。

石井：もともと呉服屋さんだった建物を、一階はカフェや店舗、二階はゲストハウスにリノベーションし、照明でおしゃれな空間を演出したのが「ヒバリ照ラス」です。古い建物を生かして、できるだけお金をかけずにきれいに見せようと、古いデザインのレトロな照明を多く使用して、「古いけど新しい」と感じる建物づくりを意識しました。

商店街の中で存在感のあるものにして、若い人に商店街に集まって欲しいという願いを込めて、またインスタ映えすることも考えて、店の前に提灯をたくさんぶら下げています。商店街の方から「この提灯を商店街全体にやってくれたらいいのに」と言われたので、とてもありがたく思っています。

自分たちが施工したものを誰かから褒められる機会は少ないものですから、このように人の目に付く建物を施工してその反応やコメントが社員に届く機会があることはとてもうれしいことですし、力になります。

――完全閉鎖型ＬＥＤ植物工場はどのような設備なのでしょうか。

石井：太陽の代わりにＬＥＤで光を当て、土の代わりに水で野菜の水耕栽培をする、完全閉鎖型ＬＥＤ植物工場です。温度と湿度、光をすべてコントロールして、約一カ月で野菜を作る仕組みになります。私どもカジノンが事業として取り組んでいる電気工事や制御といった要素がすべて含まれているので、「うちの力をすべて使ったら、完全閉鎖型ＬＥＤ植物工場ができるのではないかな」という発想からスタートしたものです。

野菜は今後、自然で作られる物と安定供給される物とに大きく分かれていくと思います。安定供給の面で少しでもその一助になれれば、我々が電気工事に携わってきて本当に良かったと実感できるだろうと思っています。

――では、改めて夢をお聞かせください。

石井：電気に関するすべての困り事を解決できるプロ技術集団として、また、それを提供できるサービス会社として成長していきたいと思っています。

（２０１９年12月2日 放送）

石井貴朗（いしい　たかあき）

カジノン株式会社代表取締役
昭和46（１９７１）年岡山県生まれ。岡山大学経済学部卒。平成6（１９９４）年パナホームでの住宅営業職を経て、平成9（１９９７）年カジノン入社。平成16（２００４）年よりカジノン代表取締役。趣味はゴルフ・読書。好きな言葉は「一期一会・天地人」。

〝皆さんに感動を与える美術館を目指して〞

瀬戸内市立美術館
岸本員臣 館長

――夢を一言でお聞かせください。

岸本：今後とも皆さんに感動を与える美術館を目指してまいります。

――2010年のオープン以来、館長自ら幅広いジャンルの展覧会を企画されていますが、まずはこちらの美術館の特徴を教えてください。

ほかにはない企画で、来館者に想定外の感動を

岸本：来館者に「感動」を与えるということを大前提として、ほかではどこもやっていない企画を目指しています。来館者の想定通りではなく、どこか突き抜けた部分がないと感動は生まれませんから、「瀬戸内市立美術館に行ったら想定外のことがあった」と言ってもらえる部分をどこかに取り入れたいですし、今後もそれを貫いていくつもりです。

2019年9月に超絶技巧の現代作品を様々なジャンルから集めた「―驚愕― 超絶の世界展」を開催しましたが、これはまだほとんど知られていない7名の作家によるものでした。にもかかわらず、来館者からは「こんな世界とは思わなかった」と驚きの声をいただき、アンケートの数も通常の3～4倍ありました。今後もこうした、魅力的だけれどまだ誰も知らない作品、でも「行ってみたらすごかった」と思えるような展覧会を目指して企画を立てていきたい。そのためにも、面白い企画につながる作家の方がいないか、常

にアンテナを張って探しているところです。

——ヒット企画がたくさん生まれています。

岸本：美術館というと「高尚な」といったイメージがあるかもしれませんが、高尚なだけでは人は来てくれません。そこで、幅広い年代の方に興味を持ってもらえるものを対象にし、また経費をおさえるにはどうしたらいいかなど、いろいろな条件を組み合わせて考え、私たちなりに工夫した結果として、独自の企画につながっているのだと思います。

たとえば経費の面ですと、通常、美術展を開催するには、美術品の運送料と保険代が経費の大部分を占めます。この経費を抑えながら何かできないだろうかという発想から、パネル展示のため保険代が少なくてすむ詩の世界を扱えないかと思いつきました。そこで最初に企画したのが「童謡詩人　金子みすゞ展」（2011年6～7月）で、たくさんの方が来場されました。ほかにも、来館者が少なくなりがちな冬の時期に開催することで作品の貸出費用をおさえたり、保険代を節約するために点数も減らすなど工夫して、なんとか結果につなげています。

——開館された10年前と比べて、美術館を訪れる人のニ

――ズに変化はあるでしょうか

岸本：今やインターネットの進出が著しく、価値観も変わってきていますが、一方で「美を追求する」「感動を与える」といった部分は絶対に変わりません。ただし、流行は取り入れていかないといけませんから、常に皆さんが何を見たいのかとアンテナを張っています。

たとえば「開館5周年　長渕剛　詩画展２０１５」（２０１５年７～８月）では、当時富士山での10万人オールナイト・ライブ（８月22日）が控えていて、その期間に合わせて開催することで、コンサートの宣伝部分で美術館の展覧会についても触れてもらい、全国規模で人が集まることにつながりました。また、「ダウン症の女流書家　金澤翔子展―魂の世界―」（２０１２年６月１～10日）も同様に、彼女が題字を書いた大河ドラマの放送に合わせて開催しています。その時に行うことで相乗効果が生まれますので、瞬発力の必要な企画ですが、これはと決めたことには集中して頑張っています。

――開催中の「驚愕の超写実展」についてお聞かせください。

岸本：「特別展　驚愕の超写実展　ホキ美術館×ＭＥＡＭ（ヨーロッパ近代美術館）」では、日本初の写実絵画専門の美術館である千葉市の「ホキ美術館」と、スペイン・バルセロナのヨーロッパ近代美術館（ＭＥＡＭ）所蔵の写実絵画計57点を展示しています。日本では戦後ずっと長い間、写実は興味と評価面で低い位置づけでした。しかし人間の根底には、単純に「美しいものが見たい」「きれいなものが見たい」という気持ちがあります。それが今ようやくブームとして現れて来ていて、「超写実展」の開催につながっています。もちろん、この写実の流れもいつまでも続くわけではないので、そこを見極めて、次の手を打っていかなくてはいけません。ですから、常に２～３年後を見越して、次の展覧会の企画を考えています。

子どもが目を輝かせて来られるような美術館に

――これからの美術館の姿はどのようにイメージされていますか。

岸本：今回の写実展もそうなのですが、私はとにかく子どもたちに見てほしいと思っています。これらの絵を見れば、絶対に子どもたちも「これはすごい」と思うはずなんです。最初はただ「すごい」と感じるだけでいいのですが、次に「これはどうやって描いたのだろうか」と一歩進んでいく。そうやって少しずつ上のステージに進んでいくようになると、将来、子どもたちの中から世界に通用するようなアーティストが出てくるのではないか。私はそれをずっと夢として描いています。そのためには誰かが種まきをしないといけません。それを今やっていて、今後もそれを柱としていきたいと考えています。

――この地域の中で、美術館はどんな存在でありたいと考えていらっしゃいますか。

岸本：ここは地域の方のお金でできた公的な美術館です。私たちの工夫でたくさんのお客様にこの美術館に来ていただければ、牛窓の町の宣伝にもなります。周辺で食事をしたり観光したりしてお金を使っていただけますから、それが地域への還元、そして活性化につながるのではないかと考えています。

――今後の夢をお聞かせください。

岸本：この美術館に来れば必ず感動があるという美術館を目指してまいります。特に子どもが目を輝かせて来られるような美術館でありたいと思っています。

（２０１９年12月９日 放送）

岸本員臣（きしもと　かずおみ）
瀬戸内市立美術館館長
昭和24（１９４９）年岡山市生まれ。昭和48（１９７３）年岡山大学法文学部を卒業後、天満屋に入社して美術部門に配属。以来37年間、美術畑一筋で勤務。退職後、平成の大合併に伴い誕生した瀬戸内市立美術館の初代館長に就任。従来の絵画や工芸、彫刻などの展示にとどまらず、人形や詩、マンガなど多岐にわたるユニークなテーマの企画展を開催。企画力と発信力を持った美術館の館長として活動している。

〝日本一の料理人を育成したい〟

学校法人北川学園キッス調理技術専門学校
北川 潤 理事長・校長
高松市

——夢をお聞かせください。

北川：「日本一の料理人を育成したい」というのが一番の夢です。

——調理師の育成を手がけていらっしゃいますが、学校の特徴について教えてください。

世界の第一線で活躍するシェフを輩出

北川：日本料理や西洋料理、製菓などを幅広く、経験豊富な講師から少人数制で学べる学校です。時代が変わるにつれ、求められる料理も常に変化しています。授業では料理人としての基本的な技能や心構えとともに、そうした時代性を意識した内容も取り入れるようにしています。

——卒業生が全国各地で活躍されています。

北川：卒業生の中には、ミシュランで三つ星をとり、世界的にも高い評価を獲得した人もいます。東京で日本料理店のオーナーシェフとして活躍する山本征治さんです。店のたたずまいといい、厳選された食器といい、最新の調理法を取り入れながら世界中の人々を魅了しています。そうした先輩を目標としながら、料理には人間性も表れますので、料理技術とともに人間性も磨いてほしいと願っています。

——授業ではどんなことを大切にされていますか。

北川：調理学校でよく言われる言葉に、「料理というのは、完成した料理をただイメージするのではなく、それを食べてくださるお客様を意識して作り出すこと。そうでなければ、本当の料理とは言えない」というものがあります。こうした心構えの部分をまず大切にしています。

また授業では、だしのひき方などの伝統的なこと、基本的なことを丁寧に教えながら、高い技能についても学んでいきます。ニンジンの切り方ひとつをとっても、少し複雑なことをやってみせ、生徒は「えっ、これはどうなっているの？」という疑問からスタートします。

——卒業生の山本征治さんのお店や料理の印象は。

北川：口ではなかなかうまく言い表せないのですが、まず彼のお店のたたずまいからして圧倒されます。アプローチから店の中に入ると、きちんと盛り塩がしてあり、どこもきれいに磨かれているんです。そしてテーブルには、彼がデザインした食器やカトラリーが並び、それを見て楽しませてくれます。

料理が出てくると、使われる器などもあわせて完成された美しさがあり、それを見た時は私も唸りましたね。さらに料理を口に入れたときの、だしの味にも感動します。だしにはいろいろなものがあり、5種類くらいのだしを組み合わせて使っているのですが、それぞれ細かく分析され使い分けられています。そうやって完成された料理を食べると、なんとも言えず重層的な味だと分かります。自信をもって提供されている味です。それはもう最高の体験でした。

——どういった点が世界から評価されているのでしょう。

北川：それは食材でしょうね。素材の良さを最大限に生かすということです。選ばれる食材もまったく違います。たとえば讃岐のオリーブ牛を使うにしても、ただのオリーブ牛ではない、讃岐の人間でさえ食べたことのないようなものが使われています。そういったものを選ぶ目を彼はもっているんですね。

——こちらの学校で学ばれた経験はどのように生きていると思われますか。

北川：彼の言葉の端々から、私の父親（先代の校長）の言っていたことが影響しているのではないかと感じています。当校には「五誓」という校訓がありまして、知識や技術の習得はもちろん、礼儀を重んじ規律を守ること、人としての誠実さ、成功に向けて努力することなどを目標に掲げています。これらを実践することで、彼の基礎ができていったのだと思います。

——世界の第一線で活躍する先輩の存在は、生徒の皆さんにどのような影響があるでしょうか。

北川：彼のようになりたいと入学する生徒は多くいます。しかし、やはりどこかで挫折を経験するものです。何事においても、トップを狙うのは大変です。その大変さを乗り越えて努力することで、本当のトップの人になれるわけです。そこに行くまでには大変な道のりがあることを生徒には分かってほしいと思います。

　トップシェフとなると、各国の首脳に料理を提供することだってあります。首脳たちがきちんとその料理人と向かい合ってお礼を言い、喜んで帰っていく。そうなれるのは本当に一握りの人なんですが、そこを目指して進むことが大事ですね。

食に関する新たな取り組みで地域に貢献

――卒業生の活躍にはどのように期待されていますか。

北川：何よりも、まず人間として完成するということが私たちの願いです。山本さんのような人がたくさん出てくれればうれしいですが、そこまで大成しなくとも、この地域に溶け込んで、料理人として人々においしい物を提供していくのも大事なことだと思います。地方には地方の良さがあると思いますし、地元で活躍することで、地域全体の食のレベルを上げていくことにつながればうれしいですね。長い歴史があり、５０００人を超える卒業生がいるということは、本当に財産だと思っています。

――この地域に向けて取り組んでいることは。

私たちは食に取り組む立場から、これまでも「食育」ということを大切にしてきました。地産地消の食材をおいしく無駄なく調理すること、旬の食材を取り入れることの大切さなど、折に触れて地域の方々への普及に取り組んできました。それはいま国連で提唱されているＳＤＧｓの考えにも通ずるものがあります。これからも食に関する新しい取り組みを提案し、地域の向上に貢献していきたいです。

――今後の夢をお聞かせください。

北川：「食」は生きる上で欠かせないことであり、人生を豊かにします。私たちが料理人を育成したり、地産地消の料理をご提案したりすることで、地域をもっと豊かにできたらうれしいです。

（２０１９年12月16日 放送）

北川　潤（きたがわ　じゅん）

学校法人北川学園 キッス調理技術専門学校理事長・校長
昭和26（1951）年香川県高松市生まれ。昭和52（1977）年東京藝術大学大学院在学中に劇団四季に入団。恩師である故浅利慶太氏の下、キャッツ、オペラ座の怪人等、数多くの作品に出演。昭和54（1979）年東京藝術大学大学院修了。平成元（1989）年に退団。フリーでも多くの作品に出演する中、同年キッス調理技術専門学校副校長、平成7（1995）年に同校校長に就任。声楽指導で培った経験を活かし、「食」の世界でも多くの卒業生を輩出。平成30（2018）年一般社団法人西日本料理学校協会会長に就任。趣味はクラシック鑑賞と観劇。

“住まいづくりで人々を笑顔で幸福にしたい”

株式会社アイム・コラボレーション

石橋雅則 代表取締役社長

岡山市

――夢をお聞かせください。

石橋：誠実な住まいづくりを通して、関わる人々を笑顔で幸福（しあわせ）にしたい。

――住宅やエクステリアなどの事業を手がけられていますが、「アイムの家」の特徴について教えてください。

石橋：「アイムの家」は自由設計が特徴です。間取りや設備などを自由に選べ、お客様のご要望にあわせて他に二つとない「世界でひとつだけの家」を建てることができます。

他に二つとない「世界でひとつだけの家」を

――問屋町テラスのモデルハウスについてお聞かせください。

石橋：問屋町テラスのモデルハウスは「子どもが育つ家」がテーマになっています。生活・家事・育児動線にこだわって、ママが笑顔で子育てしやすい環境になるよう設計しています。

私たちのお客様はほとんどが初めてマイホームを計画されるご家族です。そのようなお客様の気持ちを大切にして、満足していただきたい、感動していただきたいという思いで取り組んでいます。

経験豊富なインテリアコーディネーターと綿密な打ち合わせを重ねていただき、お客様の人生設計に応じて夢

を形にしていきます。打ち合わせは平均して1回2～4時間ですが、多い方ですと20回以上打ち合わせを重ねることもあります。お客様の理想の家を実現したいと考えているためです。そして、ご満足いただいたお客様から自信をもって紹介していただけるような企業でありたいという思いで、100%紹介受注企業を目指しています。

――こちらの家にはどんな工夫が施されているのでしょうか。

石橋：この建物の大きな特徴は、玄関が二つあることです。「セカンド玄関～おかえり玄関～」とわれわれは呼んでいますが、お客様が来られる時の通常のメイン玄関とは別に、家族がみんなで使えるプライベート玄関をもうけ、玄関を二つに分けています。子どもが小さい時には、ベビーカーや遊具などいろいろな物が玄関に氾濫しがちです。そういった物をセカンド玄関に収納していただくことによって、お客様がおいでになる玄関はいつもすっきりきれいに保つことができます。

――ご覧になったお客様の反応はいかがですか。

石橋：非常に反応がいいですね。最近の奥様方は共働きの方が多いので、家事の時間を短くしたいとか、育児に関しても伸び伸びと子育てをしたいという思いがあると思います。ご自身にゆとりがなくなってしまうと子育ての環境としてはよくありませんから、まずはママに笑顔になってもらうことを考えた設計になっています。

玄関が二つあるというのは、そのぶん面積も増えるので、多少費用もかかってしまうのですが、それ以上の価値を十分に感じていただけるのではないかと思っています。

――お客様と接するうえで心がけていることは。

石橋：家は大きな買い物ですから、とくに初めて家を建てるとなると、お客様のなかには「何から始めていいのかも分からない」と不安を感じる方もいます。ですから、まずはそういったお客様のお話をしっかり聞き取って、不安要素をひとつずつ払拭させてもらい、安心して住まいづくりをスタートしていただけるように心がけています。

――お客様との打ち合わせの様子はどんなものでしょうか。

石橋：こちらからいろんな提案をたくさん差し上げて、その中から「キッチンはこのパターン」というように選んでいただきます。それぞれの案には必ず一長一短があるので、その中でお客様自身の生活スタイルに合っているものを見つけ出してもらうわけです。そうすることで、実際に住んでみてから、「あの時しっかり打ち合わせしていて良かった」「あちらを選んでいたらこうなっていなかったね」というふうに気づくことが多くなります。住まいづくりというのは、われわれがいろいろな提案をしていき、一緒に相談しながら徹底して考えていくことが大事になってくるのではないかと思っています。それが面倒で建て売り住宅を購入する方もいらっしゃいますが、一つひとつこだわって建てることを当社の強みとして、今後も継続していきたいと考えています。

――家は長く住むもので、ライフステージごとに住みやすい家は変わってきます。

石橋：20年先には子どもたちが出ていってご夫婦だけが残る可能性もあるわけですから、当然、そういった先々のことも見越しながら、建物の価値とか、その後をどうするのかということまで考えた設計ができればと思って

社員が誇りを持って働ける、地域社会に必要とされる企業に

います。

家づくりはどのお客様にとってもひとつの夢ですから、その夢を実現していく過程に関わっているということで、もちろん責任もあるけれど、大きなやりがいがあります。この仕事は一番いい仕事ではないかと思っています。

――今後の事業展開についてお聞かせください。

石橋：弊社は地元岡山に密着した企業として発展していきたいと考えています。ですから、いま現在の住宅事業を柱として、リフォームであったり、ガーデンであったり、不動産であったり、店舗であったりというふうに、さらに事業の裾野を広げていきたいと思っています。

――改めて、今後の夢を教えてください。

石橋：社是は「三位一体・三笑三栄」です。これはアイムグループに関わるすべての存在、すなわち「社員・お客様・取引先様」が一体となり、共に笑顔で栄えていくということです。これは企業存続の要です。岡山の地域社会に必要とされる立派な会社になり、また社員が誇りを持って働ける、そんな企業になりたいと思います。

（２０１９年12月23日 放送）

石橋雅則（いしばし　まさのり）

株式会社アイム・コラボレーション代表取締役社長

昭和39（１９６４）年福岡県飯塚市生まれ。福岡県立嘉穂東高等学校を中退し、昭和57（１９８２）年株式会社アメニティー技研に入社。昭和61（１９８６）年岡山県に移住し、父親の経営する住宅コンサルティング会社、株式会社ジャパンアイディアホームに入社し住宅経営のノウハウを学ぶ。平成14（２００２）年自分の力を試したい一心で独立し、株式会社アイム・コラボレーションを創業。「20代からの家づくり」を掲げて住宅業界に飛び込む。経営理念「誠実な住まいづくりを通して、関わる人々が共に笑顔で栄え幸福になる」を信条としている。

倉敷市

〝地域に愛される製鉄所を目指します〟

JFEスチール 西日本製鉄所（倉敷地区）

古川誠博 所長

――夢をお聞かせください。

古川：JFEスチールの企業理念は「世界最高の技術で社会に貢献する」ことです。社会に貢献するために、まず地域に愛される製鉄所を目指します。

――製鉄所として50年以上稼働し続け、世界トップクラスの生産性と品質を誇っていらっしゃいます。まずは製鉄という事業についてお聞かせください。

古川：鉄は、人類にとって最も身近な素材です。鉄は他の資源に比べて圧倒的に存在量が多いうえに、リサイクルが可能で、とても安いのが特徴です。身近な例で言いますと、お米が1キロ400円程度ですが、鉄は1キロ80円と、約5分の1で手に入れることができます。

鉄は含まれる炭素の量と加熱した後の冷却の仕方によって、日本刀のような非常に硬いものから、自動車のボディーのように薄くて加工しやすいものまで、さまざまな特徴を出すことができます。

ニーズに合わせた鉄を次々に開発して供給

そんな鉄を使って、私たちは時代とともに変化する社会のニーズに合わせて、建物や橋といった社会インフラの整備など、人々の暮らしに役立つものを作り続けてまいりました。お客様のニーズに合わせた鉄を次々に開発して供給していくことが我々の使命であり、企業理念だと考えています。

――工場見学について教えてください。

古川：我々の鉄づくりを知ってもらうために、工場見学を積極的に行っています。

地域はもちろん、県内外の小学生以上を対象に、夏休みと冬休みに親子工場見学会を実施しています。また、我々が作った鉄をお使いの、水島コンビナート各企業の皆様にもご協力をいただきまして、コラボ見学会も実施しております。そして２０１９年からは、コンテナ輸送でお世話になっております水島臨海鉄道様、西日本豪雨災害ごみの処理を行っている水島エコワークス様とも、コラボ見学会を実施しております。

また工場見学の際には、製鉄所でどのようにして鉄を作っているのかをご紹介するために、設備の模型なども置いてわかりやすく学べる、見学センターをご覧いただいております。

見学センターは、１９８０（昭和55）年に開設し、２０１８年９月に見学センター来館者累計１００万人を達成いたしました。２０１７年には展示ホールのリニューアル、そして２０１８年には製鉄所紹介ビデオの刷新を行いまして、昨年度の年間来館者数はＪＦＥ統合以降、初の３万人を超え、今年も３万人を超える方々に足をはこんでいただいております。

――見学に来られるお子さんや地域の人たちに、どのように感じてほしいと思っていらっしゃいますか。

古川：見学センターは、鉄の歴史や、我々の鉄づくりが実体験できるレイアウトになっています。また、鉄を実際に使われている三菱自動車様、サノヤス造船様などで鉄がどう使われ、人の暮らしにどう役立っているかも実感できます。

ぜひ多くの方に実際に工場見学をしていただいて、鉄を作っている現場でモノづくりを感じて欲しいと思っています。これからも、地域の皆様に、日本のモノづくり・鉄づくりを肌で感じていただけるよう努めて参りたいと思っております。

――見学に来られたお子さんたちが「将来はここで働きたい」と思う可能性も。

古川：実際に、弊社の従業員の中にも、小学生の時に工場見学してＪＦＥに入ったという社員が大勢おります。そういう社員の話を聞くと、社会に貢献していることや、地域で愛される製鉄所に一歩近づいているのかなという気がします。

この「工場見学」や、毎年秋に開催しているお祭り「ＪＦＥ西日本フェスタｉｎくらしき」などを通じて地域の皆様に知っていただくことで、製鉄所で働く私たちは自分たちの仕事に誇りを持てるようになりますし、もっと地域社会に貢献したいとますます元気になれると思っています。

工場見学やフェスタの開催で地域に貢献

――新技術、新製品についてお聞かせください。

古川：ＪＦＥスチールの新技術、新製品として、皆さんにとって身近な自動車用鋼板について簡単にご紹介します。

自動車用鋼板に対する一番のニーズは車体の軽量化と衝突安全性です。この相反するニーズを満足するのが、いわゆるハイテン（High Tensile Strength Steel）とよばれる材料（高張力鋼板）です。自動車用鋼材に使われているハイテンの比率は、２００７年に9・5％だったのが、２０１５年には34・8％まで増加しています。ハイテンを増やすことで、ボディー、いわゆる車体骨格は35％の軽量化が可能になります。

また、ハイテンは単に強度が高いだけではなく、車の使用部位によって特性を変えることができます。まず車の前方のエンジンを抱えている部分のハイテンは、ぶつかった時に搭乗者や相手の車へのダメージを軽減するために、きれいに潰れて衝突エネルギーを吸収するハイテンが使われています。逆に、車内を囲う部分のハイテンは、潰されにくいハイテンが使われています。

ＪＦＥスチールは、国内業界で初めて、４つの強度レベルに応じてそれぞれ４種類の成形性グレードをそろえて最適な鋼板を選択できる「JEFORMA（ＪＦＥ Excellent FORMAbitity）®」というラインナップをシリーズ化してお客様に提供しております。

――これから先の時代には、どんなことが鉄に求められてくるのでしょうか。

古川：より薄くて強いものですね。新聞紙一枚の厚みはだいたい70ミクロンですが、鉄は40ミクロンくらいまで薄くすることができますので、紙のように薄くていろいろなものに使用できる、あるいは、非常に薄くて強度があるものが求められてくると思います。

――改めて、今後の夢を教えて下さい。

古川：ＪＦＥスチールの前身である旧川崎製鉄水島製鉄所は、１９６７年に第1高炉に火入れを行い、以来50年あまりにわたってこの倉敷の地で鉄づくりを行ってきました。「自分たちの街にＪＦＥスチールがあってよかった」と思ってもらえるような、地域の皆様に愛される製鉄所を目指してまいりたいと思います。

（２０２０年1月13日 放送）

古川誠博（ふるかわ　まさひろ）

ＪＦＥスチール西日本製鉄所（倉敷地区）所長

昭和37（1962）年鹿児島県生まれ。九州大学工学部生産機械工学科卒業。昭和60（1985）年川崎製鉄株式会社入社。平成22年（2010）年に福山地区の熱延部長、平成24（2012）年に西日本製鉄所工程部長を歴任。平成28（2016）年に常務執行役員を経て、平成31（2019）年に専務執行役員に就任。趣味はバイク。

“岡山から高等職業教育の大学モデルを発信”

岡山市

学校法人本山学園
室山義正 理事長・学園長

――夢をお聞かせください。

室山：岡山から日本を主導する高等職業教育の大学モデルを発信します。

――西日本調理製菓専門学校や岡山医療技術専門学校、インターナショナル岡山歯科衛生専門学校などを運営され、2020年4月には岡山医療専門職大学が開学しました。どのような教育を目指していらっしゃるのか、学園の特色をお聞かせください。

室山：本山学園は、変化する時代のニーズに対応できる新しい価値を生み出すことを使命としております。自ら学び、高度な専門知識と技能を備え、そして時代をリードする「食のプロフェッショナル」と「医療のプロフェッショナル」を育成してまいりました。

――医療の取り組みについてはいかがでしょうか。

室山：医療の分野では、「専門職大学」を設立して新しい教育のパターンを発信していきたいと思い、本格的な取り組みを始め、2020年4月に岡山医療専門職大学を開学しました。

中国地方初となる医療の専門職大学を開学

専門職大学というのは、皆さん、あまり馴染みのない名前だと思います。専門職大学は、経済構造や雇用構造が流動化して急速に変化を遂げる時代のニーズを真正面から受

け止め、対応できる中核的な人材の育成を目指す新しい高等教育機関です。新しい時代の流れに対応したサービスを提供するためにできた、新しいタイプの大学だといえます。高い実践力と豊かな創造力を有した人材を育成することが、この制度のポイントになると思います。

――具体的に、これまでとは違う点について教えてください。

室山：新たな時代のニーズに対応するため、我々は３つの柱を考えました。

第１は、高い「実践力」をどのように実現するかです。専門職大学では、医療現場や自治体、関連の職能団体などが持つニーズをダイレクトに教育の中に取り入れて、不断に革新していきます。文字通り最新の現場のニーズを反映した技術や知識が身につくシステムになっています。さらに我々は、それをブラッシュアップする「応用治療技術実習」という、一段高い技術を臨地実務実習と組み合わせることによって全体の技能を練成するプログラムを用意していますので、これまでにないハイレベルな実践力を持つ、即戦力を養うことが可能となっています。

そして２番目の柱は、「展開力」の育成です。新しい事業を立ち上げていくとか、地域を再生するといったことに役立つような他分野の専門知識を、医療の分野の専門課程と融合させた形で体系的に提供していきます。これによって、医療分野の専門家プラスαの専門力を持った、新しい高度職業人を育成することができるシステムになっています。

さらに3つ目は、「基盤力」の育成です。専門学校ではこれまで技術の習得に重点を置いてきたのですが、これからの世の中で一番必要なのは思考力や問題発見力、自ら学び続ける力といった基盤的な力です。これらを育成し、人生を何度もやり直していける、再挑戦できるような力を徹底して鍛えておくことが非常に大切だと考えています。

以上の3点に重点を置くところが、従来の大学や専門学校とは大きく違う点です。専門職大学でこうした人材を育成することが新しい時代を担い、地域のニーズにダイレクトに応えることにつながるわけです。

――今後「専門職大学」で学んで巣立っていく人に、社会に出てどんな役割を果たして欲しいと思われますか。

室山：卒業生には、まず、新しいニーズに対してきちんとした新しいサービスを提供していく役割を担ってほしい。また、医療費を軽減して、日本の活力を支える力になってほしい。さらには地方創生、地方の力を活性化する役割を果たしてほしい。これらのミッションをきちんと果たして、地域と共に発展、成長していけるような人材に育って欲しいと考えています。

――調理の分野について、実習などを拝見しましたが、高いレベルの内容を学んでいらっしゃいますね。

食と医療のプロフェッショナルを育成

室山：校舎はもともとホテルで、実際に使っていた設備がベースになっていますので、実践仕様の実習が可能になっています。さらに最新の設備を導入し、時代に合った教育方法を取り入れ、しかも双方向の視点を取り入れていることが大きな特徴となっています。

「双方向」というのは、学生が料理を作る側と食べる側の両方を体験して、二つの視点から互いに切磋琢磨して技能を磨いていくやり方です。最上階に展望実習室があり、そこでレシピ考案から調理、接客まで実践する「レストラン実習」を行っています。自分たちもお客様となって実際に料理を食べて評価し、その評価を糧にして各自が自分の技能を磨いていく実践実習です。自分たちの作ったものがどんな評価を得るのかがダイレクトに伝わる良い試みだと考えています。

――そういう取り組みをしている調理師学校はなかなかありませんね。

室山：写真などの見た目だけではあまり変わらないかもしれませんが、実際に食べていただくと違いが分かるかと思います。卒業記念フェスティバルも、今までは作ったものを見ていただくのが主体でしたが、今後は学生が作ったものを実際に食べていただく試みを取り入れていきたいと思っています。今までの集大成となるだけではなく、実際に食べてもらい、それを人がどのように評価するかを体験して、自分のレベルを確認できることが大きなポイントです。これは学生にとって成長の場になると考えています。

――改めて、夢をお聞かせください。

室山：本山学園は、自ら学び挑戦し続ける力を育む高等職業教育のモデルを発信します。そして、巣立つ学生が新しい時代を切り拓く人材となることを願っています。

（2020年1月20日 放送）

室山義正（むろやま　よしまさ）

学校法人本山学園理事長・学園長

昭和24年（1949）年岡山県生まれ。東京大学大学院経済学研究科博士課程修了、経済学博士。拓殖大学政経学部助教授、ジョンズ・ホプキンズ大学高等国際問題研究大学院客員研究員、九州大学経済学部教授、同大学大学院経済学研究院教授、拓殖大学大学院地方政治行政研究科教授などを歴任し、平成26（2014）年より学校法人本山学園理事長に就任。平成30（2018）年より同学園学園長兼任。

〝商業施設のレストラン街で繁盛し、共存・共栄を〟

倉敷市

株式会社ピアーサーティー

髙橋章之 代表取締役社長

——夢をお聞かせください。

髙橋：商業施設のレストラン街の中で繁盛し続けること、また、共存・共栄することが私の夢です。

——さまざまな飲食店の経営やフランチャイズ店の経営指導などを手がけていらっしゃいますが、お仕事の魅力を教えてください。

髙橋：自分がプロデュースした店舗に、思った通りのお客様が来られて喜んでいる姿を見ると、感動しますね。それが一番の喜びです。おいしいものを食べてもらうために、毎日チャレンジしています。

おいしいものを食べてもらうために毎日チャレンジ

——今は、どれくらいの店があるのでしょうか。

髙橋：国内外で約270店を展開しています。和洋中すべてのジャンルがあり、和食だと「五穀」「かかし」「しゃぶしゃぶ美山」、牛タンの店などもありますし、中華では「上海常（シャンハイチャン）」、ほかにもベーカリーレストランやステーキハウス、カフェなど、いろいろな業態の店があります。

——「五穀」にお邪魔しました。こちらの店にはどんな特徴がありますか。

髙橋：「五穀」では、自分が最後の晩餐として食べたい料理を再現しています。それは、炊きたてのご飯とおいし

い漬物、おいしいみそ汁です。日本人だったら、最後にこれを食べたいのではないかと思い、素材と味にこだわって作りました。

――料理はどのように提供しているのでしょうか。

髙橋：ご飯は一人前ずつ釜で炊いて、常に炊きたてを提供しています。またみそ汁の味噌にも特にこだわって使っています。そこに日本人が好きな魚をセットしたものを組み合わせて、五穀のメニューとしています。

プロのコックさんに「一人前ずつご飯を炊いて出しましょう」と提案すると、「それは絶対に無理です」と言われるはずです。普通の調理工程から考えればそんなことは不可能だと感じると思いますが、「おいしいご飯」にこだわって初めて「五穀」が成立します。一人前ずつの釜炊きごはんが「五穀」の生命線ではないかと思っています。

ご飯は大釜でたくさん炊けばもちろんおいしいのですが、少し時間がたつと劣化していきますから、皆さんに同じものが提供できるという意味でも、一人前ずつ炊きたての方が間違いがないと考えています。

――食の流行についてはどのようにお考えでしょうか。

高橋：次に何が流行るのかを探るのは、一番難しいところですし、一方でそれは楽しいところでもあります。例えば最近だと、肉ブームで急激に肉が流行りましたが、これは、ずっとお客さんのニーズがあって、みなさん「本当は肉が食べたいけれど、価格が高いから」と思っていたわけです。そんな中で、自分たちの手が届く範囲の価格で登場し、食べたいけれど食べられなかったものがお手軽に食べられるようになってきたからこそ、ブームにつながったのだと思います。

また、今まで食べたことのないものが急に出てきた場合もブームにつながります。タピオカもそうですが、これは以前にも何度か流行ったことがあって、時代の波が繰り返されています。

——人気のお店を作っていくためのコツや工夫は？

高橋：日本人が食べたいジャンルをきちんと見極めることと、いくら食べたいと思っても価格が高ければ食べられませんから、適正な価格帯をうまく設定することです。

商業施設の中の店であれば、その日のお客様の来店動機と我々の店のサービス内容がきちんと合えば、流行る店になると思います。そのためにも、現地に足を運んで実際にどういう客層が来るかを観察しますし、常においしい物を食べ歩きするようにしています。

また、お店の内装にも力を入れ、他の店より「入りたい店」になるように、常に心掛けています。同じ建設費用を掛けるのであれば、ほかの店より少しでも良い内装にすれば、当然、来店動機は増えると思います。そこで、内装の一つひとつを自社でデザインして、中国の委託工場でつくったものを運んで来て、店づくりをしています。

見学いただいた五穀の店も、「なんとなく知らない間に吸い込まれるように入ってしまった」という店になっていると思います。

この仕事の楽しさを伝え、企業家を育成したい

——これからはどんな店をつくっていこうと考えていらっしゃいますか。

高橋：中国にもグループ会社があり、そこが手がけている餃子博物館のウニの餃子がとてもおいしいので、ぜひこれを日本で再現して、日本の人に食べていただこうと、新店舗の出店を計画しています。

ウニは高いというイメージがあると思いますが、そこを頑張って、食べられる価格で提供するのが私の仕事だ

と思っていますので、必ず実現しようとチャレンジしていきます。食べた瞬間にこれがウニだと分かるような、そんなウニ餃子を作りたいと思っています。

――店員さんの接客についての考えは。

髙橋：接客はお客様の満足度を大きく左右する要素だと考えています。僕の思いが店長に伝わって、その思いを店長がクルーの人に一生懸命に伝えて、さらにそれがちゃんとお客様にも伝わったときに喜んでいただけると思っています。まずは僕らが大きな気持ちの波動を出して伝えていくしかないですね。「自分たちはお客様に喜んでもらうことが仕事なんだ」という当たり前のことを毎日きちんと伝えていくことは、なかなか難しいことだと感じます。

――仕事を通じた地域貢献への思いは。

髙橋：地域に対する波及効果というほどの大それた事はやっていないのですが、商業施設の中で弊社の店が常にナンバーワンになりたいと思うと同時に、施設内の同業者の人たちとも共存・共栄できて、商業施設のレストラン街全体が繁盛店になれば最高だと思っています。

――改めて、夢をお聞かせください。

髙橋：企業家を育成することが私の夢なんですが、この仕事が大変楽しいので、ぜひこの楽しさを後輩たちにも伝えて、楽しい人生を歩んでもらえたらいいですね。それが私の夢です。

（2020年1月27日 放送）

髙橋章之（たかはし　あきゆき）
株式会社ピアーサーティー代表取締役社長
昭和31（1956）年広島県福山市生まれ。大阪経済法科大学法学部卒。昭和53（1978）年株式会社本多企業入社。昭和61（1986）年株式会社ピアーサーティーで起業。趣味は釣り、ゴルフ。

〝社員が夢と希望を持てる会社を目指す〟

岡山市

株式会社まつもとコーポレーション

北川克弘 代表取締役社長

――夢をお聞かせください。

北川：社員が夢と希望を持てる会社を目指しています。

――大型商業施設をはじめとする建築物や土木構造物の設計・施工を手がけていらっしゃいますが、どのような思いで取り組んでいらっしゃいますか。

北川：当社は大正4年に建築を中心に創業いたしまして、今年の3月1日で創業105年を迎えます。当時、創業者の技術力が高く、お客様が当社に施工をやってもらいたくて待ってくださったような時代もありました。かつては売り上げが250億円を超える時期もありましたが、現在は40億円前後の規模となっています。また、その間には民事再生を行い、皆様には多大なご迷惑をおかけした時期がありました。しかし、現在は全社員が一体となり、建築を中心にみんなで再建に取り組んでいるところです。

もともと建築には定評のある会社ですので、街づくりにおいては北長瀬の開発など新しいことにも取り組んでおります。

常に技術の研鑽を忘れず、心を込めたものづくり

――ブランチ岡山北長瀬は話題になっていますね。

北川：いま岡山ではいろいろな都市開発が進められていますが、北長瀬の場合は2・9ヘクタールもの広大な土地に、駐車場、ショッピングセンター、公園をつくると

いう壮大な計画です。岡山には今までこういったものはなかったので、今後ここがたくさんの人が触れ合う場所になってもらえることを期待しております。そして、このブランチ岡山北長瀬の誕生が、これからの岡山の新しいまちづくりのきっかけになればと思っています。

――ブランチ岡山北長瀬の様子をご覧になってどのように感じられますか。

北川：ここは岡山ドームから市民病院までのルートの中にあるのですが、このブランチ岡山北長瀬と岡山ドームとの間に、岡山市がまた新たな工事を発注することになっています。ここが整備されると、さらに一体感が生まれて、駅周辺の一帯がもっと活性化して賑わう市民の憩いの場になると期待しています。

――がけ崩れの復旧工事も手掛けられています。

北川：2018年7月の豪雨では、岡山大学の所有地で2か所の大きながけ崩れが起き、わが社でその災害復旧の工事をさせていただけることになりました。これは本当に地域に貢献できる工事をさせていただいていると実感しております。

――まつもとコーポレーションさんでしかできない仕事というのはどういうものになるのでしょうか。

北川：常に技術の研鑽を忘れず、「心を込めてつくりたい」と思っています。また、今は第４次産業革命が起こり、それは「ＩＴ革命」とも言われています。小さい会社ですけれども、ＩＴ化については全社を挙げて取り組んでいきたいと考えています。

社員が気持ち良く働きやすいオフィスを整備

――こちらのオフィスはとてもきれいで、新しいシステムを取り入れていることが感じられます。そちらについてはいかがでしょうか。

北川：本社を現在の場所に移転するにあたって、「働き方改革」ということを意識して、社員が気持ち良く働きやすいオフィスを作ることを念頭に置いて計画しました。そして町内会の皆さんがこの会社の前を通っても違和感ないようなデザインになるよう配慮しています。

当社は表町三丁目のアーケードの中に本社を構えています。商店街は買い物に来られる方が利用し、そこでものを売って商売している方たちがいます。その中に建設会社がありますと、どうしても商店街とは違った雰囲気になってしまう可能性があります。そこで、本社の前には看板は出さず、景観に違和感を与えないようなスッキリとしたデザインにしています。

また、オフィスの中については、部門間の区切りを設けず、社内全体が一望できるようなスタイルにして、異なる部門間でも社員同士がコミュニケーションを図りやすいようにしております。

さらに、トイレについて。これは、本社をつくる際に坪単価を一番高くかけた所で、明るさ、快適さ、清潔さを心掛けて大変にこだわりました。視覚や嗅覚に訴えるような点にポイントをおき、ＢＧＭも流しています。「仕事の合間にトイレに行った際、快適に気分転換ができる場にしたい」という強い思いから、最も力を入れてつくっています。

――なぜ、そこまで環境整備に力を入れたのでしょうか。

北川：社員に対して「○○しろ」と命令して仕事をやらせれば、もちろんそれなりに動いてはくれるのでしょうが、やはり社員が自発的に、会社に愛社精神を持って仕事に取り組む姿勢や雰囲気を、どうしてもつくりたいと思ったからです。

――それは大事なことですよね。

北川：これも「働き方改革」の一つです。命令で動くのではなく、「自発的」に向かっていく姿勢は、必ずお客様にも伝わると思いますし、それがいい仕事ができる最大の要因であると考えています。「自助努力を重ねて、お客様のために仕事をする」、そういう働きがいのある集合体を目指していきたいと思っています。

――改めて、夢をお聞かせください。

北川：「ものをつくる事業は、すなわち技術を買ってもらう商売である。常に技術の研鑽を忘れてはならない」という創業者の言葉を大切に、これからも頑張っていきます。

（2020年2月3日 放送）

北川克弘（きたがわ　かつひろ）

株式会社まつもとコーポレーション代表取締役社長
昭和31（1956）年北海道生まれ。平成17（2005）年法政大学大学院社会科学研究科修士課程経営学専攻（MBA）終了。平成7（1955）年りんかい建設株式会社代表取締役副社長に就任。平成14（2002）年更生会社日産建設株式会社管財人代理に就任。平成19（2007）年りんかい日産建設株式会社代表取締役社長に就任。平成28（2016）年株式会社まつもとコーポレーション代表取締役社長に就任。

〝独自の制御技術で、地域、社会の発展に貢献〟

四国計測工業株式会社
仲多度郡

川原昭人 代表取締役社長

——夢をお聞かせください。

川原：独自の制御技術で、地域、社会の発展に貢献していきたい。

四国電力のグループ企業として電力供給を支えるサービスを提供

——発電所や電力に関する計測制御装置の製造・工事・保守などを手がけていらっしゃいます。会社の特色についてご紹介ください。

川原：四国計測工業は、昭和26年に電力メーターの修理調整業務を行う会社として創業いたしました。以降、四国電力のグループ企業として電力供給を支えるサービスを提供しながら、得意とする制御・計測技術を活用して、事業領域を広げて参りました。

——最近ではどのような開発をされたのでしょうか。

川原：肉などの食材の熟成期間を大幅に短縮する「エイジングブースター（Aging Booster）」という装置を開発いたしました。たとえばお肉の場合、通常の熟成方法だと2週間～2カ月程度かかるところが、この装置を使っていただきますと、3日～1週間程度で熟成できます。

——どのようなメカニズムなのでしょうか。

川原：食材の表面の温度と内部の温度を個別に制御して

熟成を促進するという独自の方法が特徴です。

簡単にご説明しますと、ご家庭で使われている電子レンジの原理を活用し、冷蔵庫の中で電子レンジを使っているというイメージです。つまり、食材の表面に対しては冷蔵庫の冷やす機能を利用し、同時に電子レンジの機能を使って内部を加熱するという仕組みです。

食材の内部は酵素が活発に働くよう10℃前後に保ち、一方で、表面は雑菌の繁殖リスクを下げるため、マイナス5℃前後の低温になるよう熟成室内の温度を制御しています。この独自の方法により、従来ではあり得ないような短期間での食材の熟成が可能になりました。

――エイジングブースターには、これまでに培ってこられたいろいろなノウハウが注ぎ込まれているんですね。

川原：そうです。基礎技術については、これまで20年、30年と蓄積して参りましたので、その技術を活用したということです。

――現在はどんなところでエイジングブースターが活用されていますか。

高松市の人気イタリア料理店「アルヴェッキオ ドゥオモ」をはじめ、国内の有名レストランなどでお試しいただいております。エイジングブースターは肉以外にも魚やチーズなどさまざまな食材に使用することができます。今までにない革新的な熟成方法で食材本来のうまみを引き出し、新たな食感で提供することができますので、料理の可能性を広げることができると料理人さんからも評価いただいております。エイジングブースターの魅力をぜひ多くの方々に知っていただきたいです。

――まだ発売されたばかりですが、今後はどんな展開を期待されていますか。

川原：当面は高級料理店の関心のある方に使っていただこうと考えております。それがうまくいくようであれば、今秋から一般の飲食店などにも販売を広げていきたいと思っています。

――反響はいかがでしょうか。

川原：現在モニターとして使っていただいているプロの料理人の方からは、「食材本来のうまみを引き出して、新たな食感で提供することができる」とか、「自分で好みの熟成度に仕上げることができる」、なかには「いくらお金を出してもいいからほしい」と言われる方もいます。また、通常のドライ熟成だと表面に微生物をつけるので、それをそぎ落として捨てることになるのですが、この装置を使うとその必要が無くなりますので、さらにお得になるという声も届いています。

――エイジングブースターがあれば料理のレベルがぐっと上がると。

川原：そうでしょうね。いろいろなご意見があるのですが、料理人の腕の見せどころは、いかに安く食材を手配して、そこへいかに高い付加価値をつけて商品として提供するかにあると思います。つまり、好みの付加価値をつけられるということが、この装置が喜ばれている理由の一つだと思います。

肉などの食材の熟成期間を大幅に短縮する装置を開発

――イタリア料理店の「アルヴェッキオ ドゥオモ」さんを取材した際も、熟成の浅いハムを購入してエイジングブースターに入れておくと、長期熟成した生ハムの味が引き出せるので喜ばれていました。

川原：通常の熟成の場合、例えば熟成期間が12カ月のハムと18カ月のハムでは、18カ月のハムの方が手間がかかりますし、そのぶん値段も高くなります。価値を高めるのに6カ月という期間が必要になるわけですが、この装置を使いますと数週間で6カ月分を稼げることになり、また食材の傷みも相当減らすことができますので、それが喜ばれている理由ではないかと思っています。

——他に類似品はないのでしょうか。

川原：現在すでに特許を取得しております。われわれの調べた範囲では、類似品はないと自負しています。

——海外からの引き合いは。

川原：昨年、たまたま別の案件でアメリカに行ったのですが、向こうでは「熟成牛」というのが一般的に食されているようです。夢ではありますが、機会さえあれば海外への販売も狙いたいと思っています。

エイジングブースター

——フランスなど海外の一流シェフからも声がかかりそうです。

川原：ぜひそういったものに近づきたいと思っています。お肉をはじめ、ジビエの本場でもありますので、彼の地で評判をいただければ、国内での販売にもいい影響が期待できます。まずは国内で販売の足場を固め、次のステップで海外を目指したいと考えています。

——改めて、夢をお聞かせください。

川原：弊社の行動指針である「お客さまの満足と感動のために」「従業員のやりがいとしあわせのために」「地域・社会の発展と安心のために」、これまで培ってきた技術力をさらに研鑽し、未来に挑戦する夢のある企業を目指します。

（2020年2月10日 放送）

川原昭人（かわはら　あきひと）

四国計測工業株式会社代表取締役社長
昭和27（1952）年徳島県生まれ。京都大学工学部卒業。昭和50（1975）年四国電力株式会社に入社。徳島支店電力部長、支配人電力輸送本部系統運用部長を歴任。平成23（2011）年に株式会社四電工常務取締役に就任。その後、四国計測工業株式会社専務取締役を経て、平成30年（2018）に代表取締役社長に就任。

総社市

〝常に最先端の住宅関連商品を岡山に提供〟

株式会社ナラムラ
楢村貴宏　代表取締役社長

――夢をお聞かせください。

楢村：常に最先端の住宅関連商品を岡山に提供します。

――断熱や塗装など住宅に関する工事を手がけていらっしゃいます。どんな気持ちでお仕事をなさっていますか。

楢村：当社のモットーは「地道・誠実に」。今、自分が家を建てるとしたら、この商品、この工法を使いたいなというものを、当社の商品としてお客さまにご提供しています。「天然・自然・エコ」に特化した、安心・安全なものを提供することにこだわっています。

「天然・自然・エコ」に特化し、最良の商品だけを採用

日本の建築許可の基準をクリアしている建築資材の中にも、農薬など身体にとって有害なものを含んだ商品が少なくありません。もし自分の家を建てるとなれば、そうした身体に良くないものが使われた部屋だと、子どもを育てたり、ペットを飼ったりすることに対しては、非常に違和感を持たれるはずです。ですから、そういう身体に悪いものが0パーセントのものを提供しようという思いがあります。

今、当社で扱っている商品はいずれも社内基準をクリアしたもので、その社内基準というのは、私や営業部長その他の役員たちが「今一番良いと思う商品」なのです。同じ値段でつくるのであれば、やはり二番より一番のもので家をつくっていきたいと思

います。一生そこに住むお客様の目線で、厳しい基準を設定しています。

――常に一番良いと思うものを扱うための工夫は。

楢村：今はネットでいろいろな情報が得られるので、エンドユーザーの方も自分で検索して、「これが使いたい」「この技術や商品がいいな」ということを自分で見つけてきて、建てて欲しい工務店に依頼するようになってきています。一番良いと思うものを直接エンドユーザーにお伝えできればいいのですが、我々は家を建てる人を陰で支える会社ですので、まずは工務店やハウスメーカーに説明することに最も力を入れています。

――これが一番だと思うものなら、自信をもっておすすめできますね。

楢村：その商品の良さをわかっていただければ、ずっとリピートしていただけます。うちの社員には申し訳ないですけども、営業力はあまり必要ないかもしれませんね。

商品の力は営業だけでなく、施行している工務部にとっても大切で、「今一番良いと思うものを作って、お客さんに提供しているんだ」という気持ちで作業するのと、「これは一番だとは思えないけれど仕方なく使っている」

というのでは、やりがいもかなり違ってきます。
そして、今は一番と思えるものでも、いつかは二番や三番になってしまうので、そうなった時にはすぐに切り替えをして、常に一番だと思うものをお客様に提供していけるような体制をとっています。

――徹底されていますね。

楢村：利益は薄いのですが、ここはぶれなくやっていこうと思っています。

商品は、会社が時間と研究費をかけてつくりますから、二番になったからといってすぐに一番だと思うものに代えて売るというのは、経営的には難しいことなんです。しかし、一番良いと思うものを見て見ぬふりをして二番になったものを売り続ければ、結局それはエンドユーザーのためになりません。ですから、新商品などには柔軟に対応しながら、とにかく代理店として一番だと思うものを売れるような状況にしています。

――地盤改良の工事についてお聞かせください。

楢村：地盤改良というのは、建物を建てる前に地盤の支持力を安定させる工事です。まずは地面に穴を開けるのですが、地盤の固さによって異なり、5～7メートルの穴を開けます。そこに天然採石を投入して、締め固めて面で建物を支えます。「天然・自然・エコ」にこだわっていますので、ここでもセメントを一切使っていないのが当社の特徴です。

また当社の工法は「HySPEED工法」といって、従来はドリルで掘削して土を排出していたのですが、新しいHySPEED工法は針で穴を開けるように押し込みながら採石を積んでいきます。旧工法では残土が出ていたのですが、この新工法になってからは残土が一切出ませんので、土の処分費がかかりません。そのぶんお客様にもお安く提供できますから、ニーズが増えています。

これも、従来の工法が二番になったため、新工法にチェンジしようと判断して、２０１９年の11月からスタートしたものです。

――お客さまの反応は。

楢村：残土処分が発生するということは、費用はもちろんですが、そのぶん時間がかかるのです。地盤改良に時

社員全員が、家族に誇れる会社に

間がかかると、なかなか工事を始められず、家が建つのも遅くなります。しかし、この新工法のように残土が出なければ、時間を短縮できます。早いとコストダウンにつながりますから、お客さんには喜ばれます。HySPEED工法は当社のエース商品です。

――不動産部門についてもお聞かせください。

楢村：建築のためには、まず土地選びが必要になります。人が生活していく環境づくりにおいて、その出発点は不動産業の部分にあると思い、6年前から不動産部門をスタートしました。

当社は「天然・自然・エコ」にこだわり、なおかつ「住環境を改善していきたい」という思いがあります。近年、豪雨などによる自然災害がつづいていますが、不動産について学んでいくと、大雨になるとどこに水がたまりやすいかといった、土地のネガティブな特性なども詳しく分かってきます。それらの重要なデータを無視したり、隠したりすることなく、「大雨の時にはこのようになります」ということもきちんとお客様にご案内して、納得いただいたうえで購入していただき、そこに家を建てるようにしています。

――手応えはいかがですか。

楢村：優秀な社員に助けられて、岡山店につづき、2020年2月初旬には2店舗目のライフギフト倉敷店をオープンしました。倉敷はこれからニーズが多くなる地域です。これまで培ってきたノウハウと知識で、倉敷地区に貢献していきたいと思っています。

――改めて、夢をお聞かせください。

楢村：「社員全員が、家族に誇れる会社にしたい」というのが私の夢です。社員一人ひとりのモチベーションが上がることによって、より強い組織になると思います。

（2020年2月17日 放送）

楢村貴宏（ならむら　たかひろ）
株式会社ナラムラ代表取締役社長
昭和46（1971）年3月23日生まれ。平成3（1991）年3月に創業。趣味は空手。

“AI時代に活躍できる人材を養成したい”

学校法人尽誠学園

大久保直明 理事長

善通寺市

――夢をお聞かせください。

大久保：ＡＩ時代に活躍できる人材を養成したいと思っています。

――四国最古の私立学校である尽誠学園高等学校をはじめ、幼稚園や中高一貫校、短期大学、専門学校も運営されています。学校の特色を教えてください。

大久保：尽誠学園高等学校は、明治17年に設立された、四国で一番古い私立学校です。歴史と伝統を大切にしながら、新しいことにも積極的に挑戦しています。

野球、バスケなどで世界的に活躍する選手を輩出

――具体的にはどんなことに取り組んでいらっしゃいますか。

大久保：今はＡＩ時代であり、社会的な変化の多い時代ですので、その変化に即応できるように、新しい教育を取り入れるなど、いろいろな施策を講じています。香川短期大学附属幼稚園では、英会話ロボットやタブレットを導入して、早くからＡＩや英語に親しんでもらう機会を作って教育を進めています。また香川誠陵中学校・高等学校では、四国で初めてオンライン英会話を導入し、英検等での実績が上がっています。子どもたちはこういう機器に慣れるのが早いので、すぐに使いこなし、楽しんでいる様子を

見ると、将来が非常に楽しみです。英語に何の抵抗もない若い世代が育ってくることを願っています。

――高校の授業でもＩＣＴに力を入れていらっしゃいます。

大久保：高校の授業では、電子黒板やタブレットを活用することにより、これまで以上に生徒が熱心に参加し、充実した教育ができるようになりました。生徒が興味を持って教育機器に接してくれるため、進捗も早いようです（コロナ禍の全国一斉休校時にも4月よりオンライン授業を実施した）。

少子高齢化、グローバル化、ＡＩの進展など、社会の変化が急速に進んでいく中で、自然と英語に親しめるような教育を進めて、これからの時代に国際社会や地域社会で活躍できる人材を輩出したいと思っています。

――野球部の活動についてご紹介ください。

大久保：野球部は、２０２０年春のセンバツ（第92回選抜高等学校野球大会。新型コロナウイルスの拡大を受け、3月11日に中止が決定。8月10日から「２０２０年甲子園高校野球交流試合」を開催）に出場することが決定しました。春夏合わせて18回目の甲子園です。戦う相手は皆、地区大会を勝ち抜いていますので、いずれも洗練されたチームだと思います。ですから、挑戦者の気持ちで、平常心でチャレンジしてもらいたいと願っています。そしてできれば勝ち進んでもらえれば一番うれしいです。

――尽誠学園は野球部の知名度が高いですが、野球部の活躍の歴史は学園にどのような影響を及ぼしてきたのでしょうか。

大久保：尽誠学園といえば、高校野球の強豪校というイメージをもつ方も多いと思います。甲子園に出場したことで、野球部以外の生徒にも「尽誠学園の生徒らしくしないといけない」という自覚が生まれ、学校全体で挨拶などの礼儀が良くなりました。野球部がしっかりして、あいさつもきちんとできるようになると、他の生徒に対して大きな影響があり、皆が野球部を見習って、学校の中が規則正しく良くなってくるのです。本校出身のプロ野球選手も数多くいますし、野球部が率先垂範して学校を引っ張ってくれているという印象を持っています。

――その他の運動部もたいへん活躍されています。

大久保：ソフトテニス部、バスケットボール部、卓球部、銃剣道部などが全国優勝などの上位の実績を残しています。

　また、本校の卒業生には、バスケットボールのＮＢＡで活躍する渡邊雄太選手がおり、世界的にも名前を知られるようになって来ています。

――世界的に活躍する卒業生がいることで、生徒さんたちに対する影響はいかがでしょうか。

教育を通じて人々の幸福と社会の発展に貢献

大久保：メジャーリーグで活躍した故伊良部秀輝投手や、先ほどの渡邊選手のように、全国や世界で活躍できる人材が尽誠学園から巣立っていったということは、在校生にとってとてもよい刺激となっています。有名な選手が出ますと、尽誠学園の生徒にとっては誇りにつながります。誇りがあるので、変なことはできないという自覚が芽生えるのです。ですから、自分もより一層活躍できるようにと各自が努力し、ますます生き生きした学校になってくるので、卒業生の活躍は学校の活性化に役立っていると思います。

――これからの日本にはどのような人材が必要とされる

とお考えでしょうか。

大久保：他者と協働し社会に貢献できるような知、徳、体の調和の取れた人材が必要だと思います。

本校の校訓は「愛 敬 誠」です。これからの時代、AIなどの最新技術や機器への対応はもちろん、心も同時に洗練されなければいけないと思いますから、「愛 敬 誠」を体得し、国のため人のために誠を尽くすような人材を輩出したいと願っています。

グラウンドでの野球部の練習風景

――その「愛 敬 誠」を身につけてもらうために、どのような教育をされているのでしょうか。

大久保：教室に「愛 敬 誠」と書いて掲げているクラスもあります。また、先生方に対してまず私が建学の精神について講演して、先生方がそれを理解したうえで生徒に日々の教育の中で伝えてもらうことで、広がっていくことを期待しています。

――改めて、夢をお聞かせください。

大久保：建学の精神である「愛 敬 誠」を大切に、教育を通じて人々の幸福と社会の発展に貢献していきたいと思っています。

（2020年2月24日 放送）

大久保直明（おおくぼ　なおあき）

学校法人尽誠学園理事長
昭和24（1949）年善通寺市生まれ。昭和48（1973）年慶應義塾大学文学部卒業。昭和54（1979）年東京大学大学院教育学研究科博士課程単位取得満期退学。香川短期大学講師を経て、平成12（2000）年より学校法人尽誠学園理事長。平成29（2017）年香川県私立中学高等学校理事長会会長に就任。

倉敷市

“希少価値の高い生本まぐろと自然栽培米を提供”

株式会社やまと
髙橋啓一 代表取締役

――夢をお聞かせください。

髙橋：うまさ日本一の回転寿司を目指します。

――回転寿司の「すし遊館」などを運営する倉敷市のやまとでは、生本まぐろにこだわったお店を岡山、香川などに8店舗展開されています。お店の特徴を教えてください。

髙橋：今取り組んでいるのは、生本まぐろの提供です。生本まぐろは希少価値の高いものです。うちではそれをお寿司にして提供しています。

――「一本仕入れ」というのはかなり珍しいですね。

髙橋：丸ごと一本を生で仕入れているのは珍しいと思います。マグロには本マグロとかメバチマグロ、キハダマグロなどいろいろな種類がありますが、本まぐろは別名クロマグロともいわれ、日本近海でもたくさん捕れます。冷凍のマグロは、解凍したらアミノ酸といううまみ成分がすぐピークに達してしまい、次の日にはうまみは落ちてしまいます。ところが生の本マグロは、さばいて切身にしてから大体1週間くらいかけて熟成するので、数日経った方がおいしく提供できるということがあります。

シャリの混ぜ方や温度にも気を配って

――生本まぐろの解体ショーもお客さんにとっては魅力

的です。

高橋：1カ月に8店舗で10回くらいの解体ショーをやっています。これがかなりの人気で、解体ショーを目当てに家族とかで来られて、一連の希少部位を全部食べられるという方もおられます。マグロの中でも、ほほ肉とカマトロとか脳天とか中落ちなどの希少部位など一般の店には並ばないような部位が取れるので、それを皆さんに提供するわけです。

――見応えもあり、珍しい部位も食べられるのですね。

高橋：30～40分かけて、説明しながら下ろしていきます。1本は70キロくらい。まぐろをさばいて残った部分も、皆さんは持って帰られます。頭をかぶと焼きに、血合いや皮も。本まぐろはほとんど全部が食べられるのです。

――そのおいしいまぐろを受け止めるシャリにもこだわっていらっしゃいます。

高橋：シャリは「木村式自然栽培米」と呼ばれている朝日米を使っています。「奇跡のリンゴ」の木村秋則さんが成し遂げた、肥料・農薬・除草剤を使わないで育てた「自然栽培」と呼ばれる、昔のままの作り方をしたお米です。食べてみれば分かると思いますが、本当に「体に染み入るようなおいしさ」というイメージです。私はそれを「生命力」だと思っています。お寿司の味は「タネ4分にシャリ6分」といわれていて、シャリが大切ですけれども、あくまでもそれは縁の下の力もち。もとは4分のタネが新鮮でおいしいということが一番大事なことなんです。

——そのシャリの提供にはどんな工夫をされていますか。

高橋：シャリを作る時に、炊いたあと手で混ぜるのです。手で混ぜてほぐすので、シャリが離れるんです。お寿司のおいしさは、1メートルの位置から下にポトンと落としたとき、シャリがぱらりと崩れるような状態がおいしいのです。シャリの温度は「人肌」で握っています。「人肌」というのは36度プラスマイナス1度です。この点に気を付けています。

——広島に新しくお店を出されるそうですね。

高橋：広島市西区の「大型商業施設」の中に、4月16日にオープンすることになりました。100坪弱（席数115席）のお店です。広島の方にもお寿司を召し上がっていただきたいと、この店で売り上げ日本一になろうと考えています。そこにたくさんのお客様に来ていただくことは、中四国でナンバーワンになることだと考えてい

高級感あふれる内装のデザインも特徴

すし遊館新倉敷店

自慢の生本まぐろのにぎり

ます。中四国でナンバーワンになると、東京へ進出という可能性も出てきます。そうなれば名実共に日本一の回転寿司屋になると思います。名前も「生本まぐろと自然栽培米を味わう　回転寿司　すし遊館あさひ」と替えます。

——お店のデザインにはどんな特徴があるのでしょうか。

髙橋：お金はすごく掛けています。例えば8人掛けの白木のカウンターを置くなど、広島の方が「すごい店だな。こんな店がほしかった」と言われる店をつくりました。

——高級感あふれるデザインに加え、お店の外を歩いている方もまぐろの解体が見られるようになっていますね。

髙橋：おそらく日本でもこんな店は他にはないと思います。回転寿司ですから、回らないといけない。回るけど、回ってすぐに食べていただけるネタだけを提供する。そして、「これが回転寿司か?!」という回転寿司のお店を実現したいと考えています。お客様、お取引先様、スタッフの三者が幸せになり、「世間よし」が実現して、会社の存在価値を確立させ、永続を目指してまいります。

（2020年3月2日 放送）

髙橋啓一（たかはし　けいいち）

株式会社やまと代表取締役

1950（昭和25）年9月岡山県倉敷市生まれ。1972（昭和47）年関西大学工学部電子工学科卒業。1977（昭和52）年2月有限会社髙橋食品を設立し、くるくる寿司丸亀店を開業。1987（昭和62）年に株式会社やまとに名称変更。現在、回転寿司「すし遊館」を岡山県、香川県、広島県、山口県などに8店舗展開するほか、木村式自然栽培朝日米の関連商品の販売を手がける。岡山県鮨商生活衛生同業組合理事長。趣味は読書と貯金。

〝LPガスを通じて快適で安心な暮らしづくりを〟

岡山市

山陽ガス株式会社
中村玲子 代表取締役社長

——夢をお聞かせください。

中村：LPガスを通じて、快適で安心な暮らしづくりを支えたいです。

——LPガスの卸、直売などを手がけておられます。会社の特徴を教えてください。

中村：山陽ガスといえば、「恐竜」というイメージの方も多いかもしれません。当社はLPガスの製造・卸販売を主力としている会社で、元になる化石燃料は、恐竜が活動していた時期のものです。そこで、地域の皆様にもLPガスに親しんでいただきたいという想いを込めて、展示をしています。この恐竜をきっかけに、幅広い世代に愛着を持っていただきたいと思います。

——LPガスとはどういったものでしょうか。

中村：LPガスは、利便性、経済性といった特徴とともに、最近では環境にやさしいエネルギーとして注目されています。近ごろ自然災害が多く発生しています。特に大きな地震などでライフラインが停止する中でも、「災害時に強いエネルギー」として、LPガスの優位性が認められてきています。

何でも相談できる街のガス屋さんに

山陽ガス本社

――災害に備えた取り組みについて教えてください。

中村：山陽ガスは、２０１４年に経済産業省から「災害対応型中核充填所」の指定を受けています。これは、災害時でも安定してＬＰガスをお届けするという国の指定を受けているということです。

また、早島町と災害協定を締結し、災害時には、小学校のガス貯蔵施設へＬＰガスを優先的に調達できるようになりました。このガス貯蔵施設は、９８５キロのＬＰガスを蓄えることができ、非常時には、タンクに備わっているガス栓にコンロや炊飯器などを接続して、炊き出しなどで使用することができます。こうした災害時には、社員一丸となって地域のお役に立ちたいと思っています。

シンボルとなっている恐竜

「災害時に強いエネルギー」として注目されるＬＰガス

山陽ガスのオフィス

――改めて、夢をお聞かせください。

中村：お客様に安心できるエネルギーを提供し、お客様のお困りごとの解決を最優先して、何でも相談できる街のガス屋さんを目指しています。

（2020年3月9日 放送）

中村玲子（なかむら　れいこ）

山陽ガス株式会社代表取締役社長

昭和34（1959）年倉敷市生まれ。就実高等学校卒業後、倉敷服飾専門学校に進み、平成11（1999）年に父親が創立した山陽ガス株式会社へ入社。同年代表取締役に就任。

〝讃岐うどんの製法で全国のうどんをおいしく〟

さぬき麺機株式会社　三豊市

岡原雄二　代表取締役会長

――夢をお聞かせください。

岡原：讃岐うどんの製法を用いて、全国のうどんをおいしくしたい。

――讃岐うどんやラーメンの製麺機の製造、製麺に関する技術開発などを手がけておられます。どのような思いで取り組んでおられますか。

岡原：歴史と伝統のあるおいしい讃岐うどんを日本全国にもっともっと広めていきたいと思っています。讃岐うどんは4～5年前まではブームになり、全国的にかなり伸びたのですが、心配なことは、ここ数年でかなり減退していることです。

製麺機の製造を通じて、讃岐うどんの品質向上を

――その背景にはどのようなことがあるとお考えですか。

岡原：讃岐うどんの後継者の問題が一つありますが、やはり讃岐うどんの品質の低下を一番心配しております。その理由は、一つに、小麦粉の品質が以前より変わっていることがあります。小麦粉の質の変化にあわせて改良しないと、おいしいうどんはできません。評価の高い讃岐うどんには「もちもち感」があります。そのもちもち感をいかに出すかという工夫が、香川県全体に足りないのではないかという気がします。もちもち感は、小麦粉の選定や加水量など、製法によって大きく変わります。その製法をもっ

と真剣に学ぶ必要があると思います。

――人々が好む讃岐うどんのタイプは、どんなふうに変わってきているのでしょうか。

岡原：昔は太くてかたいというのが讃岐うどんの特徴だったのですが、いまは完全に「もちもち感」です。いかにソフトで粘りのあるもちもち食感を出すかということが、繁盛の決め手となっています。時代と共に、原材料や消費者の好みといったものが変わってきていますから、やはり時代を先取りして、お客様の好みに合わせていくことが求められるでしょう。今、日本中のいろいろな食品でもちもち感のあるものの人気が高い傾向にあり、これはしばらく続くと思います。今、消費者が食べて一番おいしいというものがこの「もちもち感」ですから、そのもちもち感をいかに追求するかが一番の課題だと考えています。

――いろんな地域に機械を納めておられますが、地域性の違いはありますか。

岡原：本場の讃岐でも、かたいうどんでないとダメだと言う人もいますし、全国的にみると、柔らかめのもちもち感といっても、例えば大阪や九州ではもっともちもち感の強いものが好まれるなど、地域によって食感には違いが出てきます。

関東と関西とではだしの味が違うし、麺の食感も九州では違うということで、地域によって求めるものが微妙に変わってきますから、それに合わせた製法指導を行っています。

ただ、もうかたいものは確実に嫌われていて、もちもち感のあるものが消費者からの支持を得ています。いろんな食品の食感自体が、辛さ、甘さ、すっぱさなど時代によって好みが変わるように、うどんの食感も変わってきているのです。そういうことを知って、お客さんに一番喜んでもらえるように工夫することが、これからの経営で一番大切なことだと思っています。

――伝統の製法を守ることと、時代に合わせて製法を変えていくことが共存していますね。

岡原：これて、足で踏んで、麺棒で打つという讃岐うどんの製法は何百年も続いていて変わらないけれども、材料は今と昔とでは全く変わってきて、消費者の好みも変わってきています。今の時代に何が一番喜ばれるかということを経営者側がよく調査し、いろいろな人の声を聞いて変えていかなければならないのに、そういう努力をほとんどやっていないところが問題だと感じています。

讃岐うどんの魅力を世界へ発信

――今回、本を出版されたということですが、どういった思いで出されたのでしょうか。

岡原：本のタイトルを『不易流行』としたのですが、これはいろいろなことに当てはまる言葉だと思います。「不易」というのは、時代が変わっても変わらないものということです。「讃岐うどん」という名称は、過去も現在も将来も変わりないけれども、一方で「流行」ということでは、うどんの品質やメニュー、経営の仕方というものは、時代によって違うんだということを、この本で周知したいという思いで書いたものです。

――この本を読んだ方には、どんなことを感じてもらいたいと思われますか。

岡原：時代に応じて讃岐うどんも変えていく必要があるんだということ、昔のままの製法ではもう通じないんだということを、現実問題として知ってほしいと思っています。いま実際に、県外から香川に来ると、「店によってまったくうどんが違いますね」と言われます。それを、もう少し高いレベルに引き上げ、「どこに行ってもおいしいね」と言われるようにしたいと思っています。

人によって、作り方、考え方、材料の選択などが違いますから、県が主導して、香川県全体で研修会を開くなどして、讃岐うどん業界のレベルを高める努力をするべきではないかと考えています。「うどん県香川」ということでいまや全国に知られていますが、名実共に発展させるために、県にもう少し力を入れてほしいと思います。

今は香川県以外でもおいしいうどんや新しい技術がどんどん生まれてきています。そういう技術を生かして、讃岐うどんのおいしさが、もっと全国に、さらには世界に広がっていくことを期待しています。

――讃岐うどんの製法は、うどん以外の麺にも応用できるそうですね。

岡原：讃岐うどんの製法というのは、小麦粉を加工する上でよい製法なんです。ですから、その讃岐うどんの製法を用いて、ラーメンやそば、パスタなど、すべてに応用することができます。讃岐うどんの技術は、何百年も続いた独特の製法です。それが、現在でも日本の優れた品質を作り出しているわけですから、その製法は他の麺類にも全部生きていくものなのです。それを採用して、うどんだけでなく、日本の麺すべてをおいしいものにしていきたいと考えています。

――改めて、夢をお聞かせください。

岡原：讃岐うどんの魅力を、国内にとどまらず世界へ発信し、讃岐うどんの歴史と伝統をしっかり守っていきたいと思います。

（2020年3月16日 放送）

岡原雄二（おかはら　ゆうじ）
さぬき麺機株式会社代表取締役会長
昭和24（1949）年三豊市生まれ。香川県立高瀬高等学校を卒業後、中央大学経済学部に進学。昭和45（1970）年同大学を中退し、家業のさぬき麺機株式会社に入社。昭和56（1981）年同社代表取締役に就任、令和元（2019）年同社代表取締役会長に就任。趣味はゴルフ。好きな言葉は「熱意」。

〝警備業界の固定概念を打ち砕きたい〟

株式会社ＫＩＧ
田代康介 代表取締役
岡山市

――夢をお聞かせください。

田代：警備業界の固定概念を打ち砕いて、スタッフとともに明るい未来をつくりたいです。

――交通誘導警備を手がけておられます。どのような思いで仕事に取り組んでいますか。

田代：警備を通して地域に貢献できたらという思いと、スタッフがそれぞれの個性を発揮して活躍してくれる会社にしたいと思っています。

――「警備業界の固定概念」については、どのようにとらえているのでしょうか。

「きつい」「しんどい」といった警備業界のイメージを払拭したい

田代：警備業界は今、どこも人手不足の状態です。その原因は、この業界に「きつい」「しんどい」というイメージがあるからだと思います。そこを変えていきたいと思っています。

まずは給料面で手当を充実させ、少しでも手取額が増えるように工夫しています。また、高齢者が中心になりがちな中で若い人材を積極的に登用して、どんな仕事でも取りあえず任せてみる、やらせてみるということを大事にしています。

あとは、「社味噌」というものがあります。新庄村の無農薬で作っている味噌を使った味噌汁を、フリードリン

クで好きなだけ飲める状態にしています。

――従業員の反応はいかがですか。

田代：最初のうちは、みんな「なんだ、これは？」とちょっと警戒感があったのですが、最近ではみんな勝手に、わいわい言いながらどんどん飲んでいます。味もいいという評判です。特に、仕事から帰ってきて、会社で少しだんらんしてから自宅に帰るスタッフもいるので、その時には味噌汁が非常にいい役割を担っているようです。この味噌汁を通して、働いている本人の健康だけでなく、自分の家族の健康についてもそれぞれが考えるようになったので、その点では進歩があったと思っています。

――設立から数年で従業員が急増していますが、そこまで規模を拡大できた理由は。

田代：一番は求人の仕方にあると思っています。どの年代をターゲットにして、誰に対して求人を打つのか、戦略的に求人を打っているので、それがうまくはまっているのだと思っています。そして、来た人材に対して、福利厚生とか人対人のコミュニケーションなど的確なフォローができているから、確実に人が残ってくれて、結果的に人が増えていっているのではないかと考えています。

――フォローについては、ご自身の経験も生かされているのでしょうか。

田代：僕ももともとアルバイトで警備員をしていたので、現場がどれだけきついか、どんなことがあるときついと感じるのかをよく分かっているつもりです。アドバイスしたり話を聞いたりするだけでもかなり違ってくると思っています。僕だけでなく、管理職は全員そういう役割を担っていますから、それぞれが話を聞ける態勢を取っています。

うまくフォローしていって、「こんな対応したら、良い反応が返ってきた」「クレームだったけれど、ありがとうが返ってきた」ということで処理できると、それが自信につながって仕事が楽しくなり、「警備の仕事はそんなにきつくない」という感じになってきますから、そうなるとみんなが笑顔で働けるようになるのではと考えています。

――交通安全などをテーマにしたユニークな看板をよく見かけます。どのような思いで始められたのでしょうか。

田代：看板は、地域に役立とう、社会貢献しようという思いが第一歩です。そして、どうせやるなら求人も打ってみよう、面白いことをやってみようと思い、路面に看板を出そうと思いました。さらに、どうせやるなら枚数を多く出した方が目立って話題性があるだろうということで、岡山市内の23カ所に看板を出しています。「Ｈｅｙ　ウインカー出そうぜ」とか、「お酒飲んだら運転しちゃダメでしょー」というものなど、交通安全を啓発するような内容をユーモアをもって、まずは皆さんに見ていただけるように、クエスチョン「？」かビックリマーク「！」をもって見ていただけるように考えて作っていきました。

ユニークな啓発看板で地域の交通安全に貢献

――みなさんの反応はいかがでしょうか。

田代：認知度はものすごく上がりました。異業種の方からも「あの看板のＫＩＧか」と声をかけていただけますし、同業者からも賛否があるものの話題になりました。厳しい叱責をいただいたこともありますし、なかには「素晴らしい」と言ってくれる方もいました。その評価は割れるところだと思っています。

看板に会社の電話番号などを入れると宣伝らしくなってしまいますから、ロゴ以外には会社の情報を入れるのはやめようと思いました。ＫＩＧのロゴだけにして、交通安全を呼びかけることに注力した看板にしています。見る人が宣伝として見るのか、それとも交通安全を訴えている看板として見るのかで受け取り方は変わってくると思うので、それを考えて会社情報の記載をなくしました。かえって、それが会社の認知度を上げることにつながりましたね。

――交通安全の啓発メッセージに込めた思いは。

田代：交通ルールやマナーを守るようになれば死亡事故も減りますし、全国では警備員が死亡するような事故が年間を通して何件かありますので、それらが減っていけば良いなと思っています。そのためにも、もう少し思いやりを持って運転していただければいいなと思います。僕も普段から気を付けてはいますが、どうしても急いでいる時とかイライラしている時には運転が荒くなったり、「割り込まれた」と感じたりすることが多いので、そこは譲ってあげる余裕を持っていただきたいですね。

――今後の事業展開については。

田代：今、岡山市内に2拠点あります。それ以外に関連会社として香川にも警備会社を出しています。次は広島に、２０２０年の秋頃をめどに展開していきたいと計画中です。どこも人手不足なので、警備員の需要は間違いなく増えていくでしょう。

今後はもう少し事業所を増やしていきたいと考えています。事業所を増やして規模を拡大していけば、それだけ社会に貢献できる幅が広がると思いますので、頑張っていきたいと思います。

（２０２０年3月23日 放送）

田代康介（たしろ　こうすけ）

学株式会社ＫＩＧ代表取締役
昭和58（１９８３）年福岡市生まれ。平成14（２０２０）年福岡市立福岡西陵高校卒業後、沖縄県のリゾートホテルや福岡市の経営コンサルティング会社での勤務を経て、平成28（２０１６）年岡山市で株式会社ＫＩＧ設立、代表取締役就任。令和元（２０１９）年高松市で株式会社ＫＩＧ香川設立、取締役就任。

“家のことなら任せようと言っていただける会社に”

アンセップホーム　株式会社創建

室井　豊　代表取締役社長

岡山市

——夢をお聞かせください。

室井：夢は、家のことならアンセップホームに任せようと言っていただけるような会社にすることです。

——木造注文住宅の設計施工や増改築、リフォーム事業などを手がけておられます。どのような思いで仕事に取り組んでいますか。

お客様が思い描いたとおりの家づくりを

室井：「お客様に満足していただける家づくり」に誠実に取り組んでいます。アンセップホームの家は基本的に自由設計なので、お客様の思い描いたとおりの家づくりができるのではないかと思います。そこに、専門家としてプラスワンのアドバイスができれば、より一層喜んでいただけると思い、一棟一棟、心を込めて家づくりに向き合っています。

——御社の家づくりの特徴は。

室井：弊社では、比較的安価に住宅をご提供できるというのが強みです。家づくりにかかるコストについては、やはり人件費と広告宣伝費が大半を占めることになるのですが、そこをできる限り抑えるよう工夫しています。

また、私自身がもともと大工の職人をしていましたので、現在も社長業と現場監督を兼任しております。このことも、コストを抑えられる秘訣かなと思いますね。自

本格木造住宅「レガリア」

ら現場に立って監督することで、お客様に責任を持って「安くてよいもの」「満足していただけるもの」をご提供していきたいと思っています。

——いま、どのような住宅が求められているのでしょうか。

室井：最近では、やはり耐震性などが注目されています。弊社でも、商品によっては、制震ダンパーといって、地震などで揺れが発生したときに吸収するような装置を取り入れています。ライフスタイルに合わせたデザイン性の高い住空間を確保しながら、頑丈な構造で安全性・耐久性に優れた住まいを追求しています。

——今後の事業展開については。

室井：創業して35年、地域の皆様に支えられてここまでこられたというご恩を忘れず、これからも、誠実に「お客様ファースト」で取り組んでいきたいと思っております。

（2020年4月6日 放送）

デザイン性・安全性・耐久性に優れた住まいを追求

岡山展示場

岡山ショールーム

室井　豊（むろい　ゆたか）
株式会社創建代表取締役社長
1973（昭和48）年赤磐市生まれ。大工職人として経験を積み、2005（平成17）年株式会社創建に入社。現場管理を務め、2017（平成29）年8月に代表取締役社長に就任。

備前ショールーム

“虫明焼の伝統を守り新しい作品を作り出したい”

瀬戸内市

虫明焼作家

黒井博史さん

また、虫明焼は京焼の流れをくんだ焼物ですので、さまざまな釉薬を研究していろいろな色合いを出したり、ろくろで成形したものを面取りしたり稜線を作ってみたりと、フォルムにこだわって制作しています。表現の幅が広いという意味からも非常に魅力的であり、新しい可能性を引き出せるのではないかと考えています。

――夢をお聞かせください。

黒井：虫明焼の伝統を守りながら、新しい作品を作り出したいです。

わびた風情が魅力の「虫明焼」を今に受け継ぐ

――江戸時代から岡山に伝わるとされる陶芸「虫明焼」を今に受け継ぎ、作品づくりに取り組んでおられます。虫明焼の魅力について教えてください。

黒井：代表的な虫明焼というのは、天然の松の灰を基調とした灰釉を使っています。若草色やびわ色というおとなしい色調ですが、そこが最大の魅力とされていて、そのわびた風情は飽きがこないと言われています。

――長い歴史がありますが、どんな方に愛されてきたのでしょうか。

黒井：もともとは、岡山藩の伊木三猿斎という大茶人が京都から陶工を呼び寄せて焼かせたお庭窯として発展した経緯があり、茶陶ということでお茶の世界では非常に

知名度が高く、愛好家が多いという特徴があります。

——茶道具にもいろいろありますが、虫明焼はどんなものに多く使われているのでしょうか。

黒井：やはりお茶碗が一番人気があります。季節の絵柄のものとか、虫明焼の特徴でもある無地でほんのりとした色調のものや、荒土を使った土味と虫明のおとなしい釉薬とを組み合わせたものが好まれるようで、長く愛好されていると思います。

——作品を拝見しますと、口が当たるところがすごく薄いですね。

黒井：備前焼と比べると、端正な薄づくりというのが虫明焼の特徴の一つでもあります。そういうことから考えると、この口当たりや手に持ったときの感触というものが、お茶人の方から好まれている理由ではないかと思います。

——その虫明焼をどのように発展させていこうと考えておられるのでしょうか。

黒井：虫明焼は３００年ほどの歴史がありますので、当然、古き良き伝統というものを守りながらも、自分らしい個性を出した作品を作っていきたいと思っています。
最近では、ＡＮＡクラウンプラザホテル岡山のフレンチのフルコース料理とのコラボレーション企画がありました。そこでは自分がデザインして作った器に料理を盛って、見て楽しんでもらえるようになりました。今まではこのように使って楽しんでもらうことがなかなかできなかったので、気軽に接していただき、若い世代の人にも興味を持ってもらえる機会になりました。
そうした中で、自分の個性を考え、青いキラキラした釉薬とか透明の釉薬、昔からある鉄釉と言われる黒とか茶色の釉薬を使って、私独自の動きのある幾何学文様を描いた作品に取り組んでいます。これまでの虫明のおとなしいものに加えて、派手さのある新しいものも少しずつ取り入れながら、昔ながらの虫明と自分らしい新しい虫明の伝統を作っていきたいと思っています。

——フレンチとのコラボ企画では、どんな工夫をされたのでしょうか。

黒井：和の器に洋の料理を載せるということで、今までに経験したことのないチャレンジでもありました。自分が実際にその器を作るとなった時はいろいろと頭を悩ませたのですが、使う人がどんなふうに見て、どう使えば楽しんでもらえるのかということを考えました。そして、料理を主役にもり立てながらも、料理の脇役として自分の作品の絵柄とか色合いとかフォルムというものをいくらかでも主張できたらいいなと考えて作りました。

伝統を守りながら、自分らしい個性を追求

——作品のアイデアはどのようにして生まれるのでしょうか。

黒井：アイデアについては日々考えているのですが、簡単に出てくるものではありません。悩みながらもふっとしたときに、例えば遊んだりして気分転換したときにアイデアが浮かぶこともあります。今私が推し進めている幾何学文様も、いろいろとバージョンを変えながら、色目や文様のタッチを変えることで雰囲気が変わってきます。いろいろと発展させていく要素がありますから、それらをうまく自分の中でアレンジしながら、一般には敷居が高いと考えられがちな焼物に、少しでも興味を持ってもらえるように変えていきたいと思っています。

――新しい魅力を持った虫明焼について、お客様の反応はいかがでしょうか。

黒井：新しい取り組みをすることによって、お客さんが「これは今までなかった作品だね」とか「お父さんが作ったことのないような作品だね」と言われると、自分の中で「よし、やった」という手応えを強く感じます。

また、新しいことをやることによって、昔の作品を見慣れている人からは「今までの虫明焼と違う」「これは虫明焼ではないのではないか」と思われがちですが、それは虫明焼に興味を持ってもらう一つの布石です。それを足掛かりにして、昔のものと新しいものの両方を見てもらうことによって、虫明の魅力をもっと広く感じてもらいたいと思っています。

――改めて、今後の方針をお聞かせください。

黒井：古き良き伝統を守りながら、自分らしい個性を追求した作品を生み出して、新しい虫明焼の伝統を作りたいです。

（2020年4月13日 放送）

黒井博史（くろい　ひろし）

陶芸作家

昭和49（1974）年岡山市生まれ。松山大学経済学部卒業。平成10年（1998）年山陽放送入社。営業部、報道部（記者）勤務。平成18年（2006）年父・黒井千左のもとで作陶に入る。平成22（2010）年第57回日本伝統工芸展初入選（入選5回）。平成30年（2018）年日本工芸会正会員認定、第61回日本伝統工芸中国支部展岡山県知事賞受賞（以降、2019年岡山市長賞、2020年岡山県知事賞）、虫明焼×ANAクラウンプラザホテル岡山フレンチフルコースディナーの器（全8種）デザイン・制作。

“だがしで世界中の子どもたちを笑顔にしたい”

瀬戸内市

株式会社大町

秋山秀行　代表取締役社長

――夢をお聞かせください。

秋山：日本のだがしで、世界中の子どもたちを笑顔にしたいです。

――食品の企画や卸、だがしの直売などを手がけておられ、運営する瀬戸内市長船町の「日本一のだがし売場」には年間50万人以上が訪れています。仕事をする上で大事になさっていることは何でしょうか。

秋山：一言で言うと「子どもの笑顔」です。子どもの笑顔のために仕事をしているようなものですね。思わずテンションが上がってしまうような面白い商品や仕掛けをたくさん用意して、子どもたちが笑顔になるような売場作りをしています。

年間50万人以上が訪れる「日本一のだがし売場」

――お菓子の並べ方も工夫されていますね。

秋山：小さな子どもさんでも手が届きやすいように商品の陳列を低くするなど工夫しています。また、各売場に子どもが笑顔になるような物語風のテーマを設けて、それぞれの売場に変化をつけています。例えば、イカの珍味がありますが、これは魚のお菓子をたくさん集めた「お菓子の水族館」というコーナーに並べています。子どもサイズで作ってあるので、子どもたちは中に入って、よく記念写真

を撮っています。また「10円神社」には実際に宮司さんが作ったお祓いの道具がありますし、「うまい棒神社」というのもあります。

このように子どもが喜ぶような仕掛けをいろいろと作っていますので、楽しんで回りながらお買い物をしていただけます。こうした工夫は、社員がみんなで考えて、「自分の子どもならこうすれば喜ぶのでは」という目線で楽しめる売場を作っています。

――値段設定にも工夫があります。

秋山：子どもが自分たちのおこづかいの予算にあわせて買えるようにすることが大切だと思います。そこで、計算がしやすいよう消費税込みの価格で10円単位とし、値段も分かりやすいよう、10円以外のものには全ての商品に値段のシールを貼っています。レジに行って値段が違うということがないので、子どもが自分で計算して買えるわけです。

――買い物を通じて、子どもたちにどんな経験をしてほしいと考えておられますか。

秋山：やはり食育です。たとえば２００円の予算でもいろいろなものがたくさん買えます。しかも自分で選んで自分で計算して買えるということで、算数の勉強にもなるし、楽しく学ぶことができると思っています。

——お菓子のラインナップが豊富です。何種類くらいあるのでしょう。

秋山：お菓子だけで4000種類くらいあります。だがしでも新製品が出ますから、どんどん変わっていて、これからも増えていくと思います。普通のだがし屋さんではできない品揃えだと思いますが、メーカーさんや子どもの希望を入れてどんどん広げた結果、こんなになってしまいました。

日本のだがしの魅力や文化を世界に広めたい

——日本のだがし文化の特徴は。

秋山：海外では大人が子どもにお菓子を与えるという文化ですが、日本では子どもたちが自らだがし屋さんに行って買う文化がありますから、商品開発も全く違ってきます。海外だと、おもちゃが付いたり笛が鳴ったりという商品はどれも高価ですが、日本では10円からあります。しかもこれだけ種類があって、お菓子かおもちゃか分からないようなものまでたくさんある。これを我々は「世界の奇跡」と呼んでいます。

フランスの子どもたちが日本のだがしで笑顔になるのをみて、この文化はすごいものなんだと実感しました。そこで、日本の〝DAGASHI〟が世界に認知されるようにと「DAGASHIで世界を笑顔にする会」を立ち上げ、3月12日を「だがしの日」としてイベントを行うなど、これをぜひ多くの方に知ってもらいたいと普及に全精力を傾けています。

——3月12日の「だがしの日」についてご紹介下さい。

秋山：3月12日を「だがしの日」として、「だがしと笑顔を交換する」というキーワードで全国にイベント活動を展開しています。日付は語呂合せではなく、お菓子の神様である田道間守公が神になった日（命日）が3月12日なんです。お菓子の神様で知られる和歌山県の橘本神社の宮司さんからこの日を提唱いただきました。

「だがしの日」のイベントでは、だがしおじさんに扮して、だがしが飛び出す紙芝居を全国の被災地の子どもたちのところへ持っていき、それを見に来た子どもたちにだがしを渡します。子どもたち一人ひとりに、笑顔と交換でスタッフがだがしを手渡すのです。

――文字通り、「だがしと笑顔の交換」なんですね。

秋山：欧米の文化としてハローウィンやバレンタインデーはありますけれども、こちらはニッコリするだけでお菓子がもらえます。どんな子どもも駆け引きなく、笑顔だけでだがしがもらえる。この文化を日本中、さらには世界中に広げたいと考えています。

ただ「だがしと笑顔を交換する」、これだけです。やはり子どもの笑顔を体験することが大切ではないかと思います。だがしをあげただけで笑顔がこんなに返ってくるなんて、すごいことだと思うのです。子どもたちは皆、だがしおじさんが大好きのようですし、誰でもなれますから、全国にどんどんだがしおじさんが増えてくれればいいなと思っています。

――「だがしの日」の今後の展開は。

秋山：だがしと笑顔を交換するイベントを渋谷などでやろうと計画中です。また、被災地にも行こうと思っています。将来は、3月12日を、全国の大人が皆ポケットにだがしを入れておき、子どもがニッコリしたらお菓子をあげないといけない日にしたいと考えています。そして最終的には、それを世界にまで広げたいと思っています。子どもがニッコリしたらだがしをあげなければいけない日ですから、そんな時にケンカや戦争はできません。いつかはバレンタインもハローウィンも超える、日本発の世界平和のためのイベントにしたいと願っています。

――改めて夢をお聞かせください。

秋山：日本のだがしの魅力やだがしの文化というのは特別なものなんだということをぜひ多くの方に知ってもらいたいです。日本のだがしというのは何十年と続いていて、小さい会社が一生懸命子どもの笑顔のためだけに作り続けています。この文化は奇跡だと思います。これをやはり世界に広めたいですし、その前にまず日本人に気づいてほしいと思います。

（2020年4月20日 放送）

秋山秀行（あきやま　ひでゆき）

株式会社大町代表取締役社長

昭和33（1958）年岡山市生まれ。昭和56（1981）年同志社大学文学部卒。同年、株式会社大丸入社。昭和60（1985）年株式会社大町入社。平成11（1999）年代表取締役就任。全国菓子卸商業組合連合会中四国菓子卸商業組合理事長。公益財団法人おかやま環境ネットワーク理事。一般社団法人DAGASHIで世界を笑顔にする会代表理事。一般社団法人瀬戸内観光協会代表理事。趣味は子どもと遊ぶこと。好きな言葉は「先義後利」。

〝すべての命を大切にする学生たちを育てたい〟

ノートルダム清心女子大学
原田豊己　学長
岡山市

——夢をお聞かせください。

原田：キリスト教精神に基づきすべての命を大切にする学生たちを育てたいと思っています。

——大学の特徴についてお聞かせください。

原田：当大学では、「真の自由人を育てる」ということを掲げています。真の自由人とは、自分で考え、自分で判断し、自立していくことを意味しています。真の自由人になるが故に、困っている人や貧困にあえぐ人、人権・人格的に傷つけられている人や、世界中のさまざまな問題に関わっていくことに目を向ける学生になることができるのではないかと思います。

自分で考え、自分で判断し、自立した「真の自由人を育てる」

——具体的な取り組みについては。

原田：岡山市が今取り組んでいる「ＳＤＧｓ」（持続可能でよりよい世界を目指す国際目標）があります。これに関連して、学生たちは岡山市の京山地区でのさまざまな環境問題に取り組んだり、高梁市にある「百姓のわざ伝承グループ」と一緒になって紅茶を作ったりと、さまざまな活動でこの地域社会にたくさん貢献しています。

ＳＤＧｓで言われているさまざまな切り口は、すべて「命を大切にする」というところから生まれてきているだ

ろうと思っています。命が大切にされるＳＤＧｓに関心を持ち、それを実現していく学生を育てていきたいと考えています。

――英語教育にも力を入れていらっしゃいます。

原田：世界中ですべての命が大切にされるためには、世界に目を向ける学生でなければならないと考えます。そのような意味からも、英語が必要になる時代ですから、英語英文学科の学生だけでなく、全学的に英語力を付けてもらえればと考え、大学としても力を入れているところです。単に英語ができるというだけでなく、相手の国の文化や歴史に対して理解を持つ、世界的な視野を持った学生を育てていきたいと考えています。

そこで、独立した部署として「国際交流センター」を立ち上げ、私自らがそのセンター長を務めております。カトリック教会のネットワークなどを活用して国際交流の機会を設け、単に英語ができるという以上に、世界で命が大切にされていく集まりに自分たちも参加しているんだという意識を持つよう学生を養成しています。世界的視野を持って活動していくと同時に、岡山の地で地域に貢献していく学生たちをこれからも育てていきたいと思っています。

――今回の新型コロナウイルスの影響について、学生さんにはどんなメッセージを伝えていますか。

原田：「検疫」（quarantine）という言葉があります。これはイタリア語・ラテン語の40（quaranta）という数字が基になっているようです。14世紀くらいにベネツィアやジェノバなどの海運国が、病気になった船員たちを40日間島に隔離したのが語源だと言われています。当時、科学的知識もほとんどないのに、どうして40なのかということを考えた時、旧約聖書にも新約聖書にも「40」という数字が出てくるのです。40というのは、苦しみや困難を表わしています。40という数字が出てくる出来事があった後には、前よりももっと素晴らしい世界があるということで、「検疫」が象徴的な言葉となっているのです。

　そういうことから、今はすごく苦しいのですが、この苦しみの後にはきっともっと素晴らしいものが待っているという希望を、学生たちに絶えず語っていきたいと思っています。

世界規模で考えたことを、地域で生かしてほしい

――大学の建物は伝統的で素晴らしい建築です。

原田：１９２９年に建てられた校舎「ノートルダムホール本館・東棟」は国の登録有形文化財にも登録していただき、その素晴らしい建物の中で学生たちは生活しています。

　この建物は、アメリカのアントニン・レーモンドという建築家が設計したものです。レーモンドは、世界的に有名な建築家であるフランク・ロイド・ライトの助手として、帝国ホテル建設のため来日しました。レーモンドは、日本の素晴らしい生活文化の魅力に取りつかれ、その後も日本に残り、たくさんの近代建築を設計しました。しかし、日本が太平洋戦争に突入した時には、アメリカに戻りました。そして、アメリカ軍から日本を爆撃するための実験への参加を命じられたのです。

　岡山市も１９４５年６月29日に大空襲を受けたわけですが、当時この建物の白い校舎は空襲から免れるため黒い塗料で塗られました。このことによって、夜間の爆撃目標とされるのを避け、かろうじて破壊を免れたのです。

　人間が戦争によって翻弄されていく一つの典型的な姿を、レーモンドとこの建物に見ることができると思います。真っ黒に塗られた校舎が戦後になって再び真っ白な

建物になり、今に残っています。平和の大切さを訴えていく建物でもあるのではないかと思っています。

――歴史のある建物で学ぶことは、学生にも良い影響を与えるのでしょうか。

原田：素晴らしい建物というのは、それ自体が人間を育てるものです。建物が視野に入ると、自然と自分の立ち振る舞いが正されていくような迫力を、この建物は随所に持っています。しかも単に博物資料としての建物ではなく、実際にそこで授業が行われ、聖堂で祈ることもできます。そういうことを通して学生たちは知らず知らずのうちに人間が持つ品格や品位を身につけていくのではないかと考えています。

――改めて、今後の方針をお聞かせください。

原田：「地球規模で考え、地域で行動する」という言葉があります。私どもの学生にも、世界規模で考えたことを、この岡山の地域の中で生かしていけるよう、さまざまな経験を積んで欲しいと思います。これからも世界にかかわる、世界に開かれた大学として、この岡山の地で学生を育てていきたいと思っています。

（2020年4月27日 放送）

原田豊己（はらだ　とよき）

ノートルダム清心女子大学学長

昭和28（1953）年山口県生まれ。明治大学農学部、上智大学神学部を卒業。同大学大学院神学研究科博士前期課程修了。教皇庁立ウルバノ大学大学院神学研究科博士後期課程修了、博士（Ph.D.：聖書神学）の学位を取得。昭和57（1982）年、カトリック広島司教区司祭。ノートルダム清心女子大学客員教授を経て、平成29（2017）年4月、第6代学長に就任。

“子どもたちに環境学習の場を提供したい”

コンケングループ
近藤　義　代表
岡山市

――夢を一言でお聞かせください。

近藤：環境価値創造企業として、子どもたちに学習の場を提供したいです。

建物の解体から産業廃棄物の処理そして再利用まで

――建物の解体から産業廃棄物の処理まで一貫して手がけていらっしゃいます。コンケングループの特徴を教えてください。

近藤：町中のビルや木造建築の解体をコンケンが行い、それをコンケングループのリサイクルセンター（中間処理施設）でいろんなものにリサイクルをしています。他社との大きな違いは、一か所に複合のプラントがあることで、コンクリートも廃プラスチックも、木くずも建設汚泥もまとめて処理できるのは、岡山県の中では我が社だけなんです。

――90％もの高いリサイクル率を実現するための工夫は。

近藤：理想はリサイクル率100％ですが、それはちょっと難しいので、現在は目標を95％としています。西日本で初めて複合の混合廃棄物の大型選別プラントを導入しましたが、これもリサイクル率を上げるためです。5㎜以下の土砂のような小さなものまできれいに処理でき、最後に出てくるきれいな土を盛土材に使えるよう取り組んでいます。つまり、産業廃棄物の中間処理をして終わるのではなく、

出たものを極力リサイクルし、それをさまざまな用途の製品として再利用していくのが、コンケングループの夢なのです。現在はそれに特化して研究を進めています。

――リサイクルセンターには、全国から視察にいらっしゃるそうですね。

近藤：全国から、そして海外からも来てくれています。岡山市にはＳＤＧｓ（持続可能な開発目標）やＥＳＤ（持続可能な開発のための教育）の推進課があり、世界のＥＳＤ活動拠点として海外でも知られています。このＳＤＧｓ・ＥＳＤ推進課へ台湾の大学のグループから視察の申込みがあった際には、ＥＳＤに取り組む企業として我が社を紹介いただき、こちらに見学に来ていただきました。ＥＳＤの活動で中間処理リサイクルセンターがどのように動いているのかを見に来られる例が多いです。

――働いていらっしゃる方の姿勢やマナーも高く評価されています。

近藤：処分場の職員約30人には、整理整頓、あいさつを徹底させています。この間、アメリカから来られた方に、「同じような業種がアメリカにもあるけれど、ここの社員ほど自信とプライドを持って仕事をしているのは見たことがない」と言われました。社員は毎月ESDについて勉強して、去年1年間はSDGsの勉強にも力を入れましたから、みんなのモチベーションがすごく上がっていますね。

――処分場から生まれる再生品にはどんなものがありますか。

近藤：今まで、ビルなどを壊してできる産業廃棄物のリサイクル材は、埋め立てや盛土材として使われるのがメインでしたが、我が社では、環境にやさしいガーデン用資材として活用できるよう研究開発を進めています。コンケングループのリサイクルセンターには、こうした再生資源を使って豊かな緑や水辺を再現した「ビオガーデン」や「セラピーガーデン」を整備して、「コンケンガーデン」として公開しています。

リサイクルセンターでは川の水を引き込んで粉塵対策の散水や清掃などに利用していますが、この水を川に戻す前にきれいにするのが「ビオガーデン」です。これは、ビオトープとガーデンを一緒にしたもので、ここに児島湖の生き物が集まってきています。また、「セラピーガーデン」は幅6m、長さ260mの遊歩道で、河津桜など約200種類の植物、樹木を植え、ベンチなどを整備しています。コンクリートの再生砕石や再生処理土、再生木チップや枕木、ゴロ石、礎石など、リサイクルセンターの中で作っている製品が使われており、再生材を使用してどんなことができるかという一つの試験でもあるのです。

このコンケンガーデンは、地域の子どもたちの自然環境学習の場としても利用されています。ここで子どもたちがメダカをすくって遊び始めたら、なかなか帰らないですね。水辺ってすごくいいなと思います。

子どもたちがリサイクルを学べるコンケンガーデン

――子どもたちはどんなことを学んでいますか。

近藤：リサイクルをしている施設を見学し、コンケンガーデンで遊んでもらうことで、解体から再利用までの流れを実際に体感して、ESDやSDGsについて学んだことを自分ごととしてとらえてもらえるようにしています。令和2年5月1日には、環境省／岡山市から岡山県下初となる環境教育に関する「体験の機会の場」の認定をいただきました。今後もっともっと多くの皆さんに見学に来てもらいたいですね。小学校への出前授業なども実施しており、岡山県の中で「子どものリサイクルの学習といえばコンケンで」と言われるようになりたいですね。

「子どもさんに」と言っていますが、実際には一般の方の団体もたくさん見学に来られます。皆さん、帰る頃には「こんなに分別しないといけないか」と驚かれます。「家に帰ったら、これからは選別してゴミを出さないといけないな」と言ってくださるのがすごくうれしいですね。

――地元の方をすごく大切になさっていますね。

近藤：企業だからやっぱり収益は上げないといけないのだけれど、町内の困り事には極力対応したいと思っています。リサイクルセンターを災害時の避難場所に指定する協定を岡山市と締結するとともにビオガーデンに災害時用の備蓄倉庫を設置したのもその一環です。

――今後の展開は。

近藤：これからは「農業」ですね。子会社に藤ファームを作って、シャインマスカットや野菜、しいたけなどを、うちで作った再生処理土を使って試験栽培しています。子どもさんがリサイクルの勉強をしたあと、こちらの藤ファームで果物や野菜の収穫体験をしてもらいたいという夢があり、実現に向けて取り組んでいます。

その先の夢として、野菜の直売所を作るというものもあります。藤ファームの野菜や、地元の人が家庭菜園で作ったものを一緒に売ることのできる直売所で、ここにもリサイクルセンターと同様のビオガーデンを作り、そのまわりに椅子やテーブルなどでくつろげるスペースも設けて、地域の人の交流の場になればいいなと考えています。

さらにその先は、収穫した野菜や果物を使ったレストランも作りたいですね。ただ農業だけで終わるのではなく、収穫体験と共に子どもさんの食育ができる施設にできればと、今はワクワクしながら進めています。

（２０２０年５月４日 放送）

近藤　義（こんどう　ただし）

コンケングループ代表

昭和22（1947）年岡山県総社市生まれ。昭和41（1966）年3月関西高等学校卒後、整備工場に入社。昭和43（1968）年8月近藤建材として創業。昭和54（1979）年9月有限会社近藤建材設立し、代表取締役就任。昭和57（1982）年12月株式会社近藤建材に組織変更。平成元（1989）年グループ会社として藤クリーン株式会社を設立し、代表取締役就任。平成27（2015）年9月株式会社近藤建材から株式会社コンケンに社名変更。趣味は、スキューバダイビング、旅行。

“家づくりでお客様の幸せな未来を拓きたい”

株式会社ウッズカンパニー
谷本弘樹　代表取締役社長
岡山市

――夢を一言でお聞かせください。
谷本：家づくりを通して、お客様の幸せな未来を拓きたい。

――ハウスメーカーとして、全館空調を備えた注文住宅「桧家住宅」などのブランドを手掛けていらっしゃいます。どんなことに力を入れていますか。

セレモニーなどの体験を重視し顧客満足度を向上

谷本：お客様満足度を高めることに力を入れています。そのために私たちは、CX、いわゆる「顧客体験」に力を入れて取り組んでおります。

CXとは、Customer Experienceの頭文字を取った略語です。商品、サービスの価格や、性能といった機能的な価値にとどまらず、それを通じてもたらされる喜びや、ワクワクする気持ちといった感情、心理的な価値も含めて顧客体験ととらえる概念です。

CXには、商品、サービスを認知するフェーズから、購入、利用、アフターフォローに至るまでの一連のプロセスが含まれています。上棟式や完成記念などのセレモニーをお客様と一緒にお祝いするなど、お客様と関わるシーンでしっかりと体験の価値を高め、ファンになっていただけるような仕事をしていきたいです。

そのためにも、今まで建ててもらったお客様には、アンケートなどでご意見をお聞きして、それをもとにお客

様の喜ぶ場面を作るようにしています。

私は、職人の経験もあることから、仕入れを根本から見直してコストを落とす仕組みやシステムを作り、お客様に還元しています。そして、良質な材料をご提供して、こだわりの部分にはとことんこだわっていただきます。お客様のご要望を取り入れた設計をご提案し、ただ家を建てるのではなく、家づくりを通して、お客様・ご家族の幸せな未来をつくる「ずっと・ぴったりな家」をご提供いたします。

――家づくりは大きな決断です。お客様が特に重視するものは何だと思われますか。

谷本：お客様にとっての家づくりはハウスメーカーを選ぶときから始まるのですが、このとき、やはり「モノ（商品）」というよりも「人」で選ばれると思うのです。人というのは、いわゆる営業マンであり会社であると思いますので、僕たちはお客さんに喜んでもらうことに力を入れ、セレモニーを大事なものとして位置付けて取り組んでいます。

――モノではなく人が大事なんですね。

谷本：そうだと思っています。現場の大工さんもそうですが、大工さんの人柄が悪くて施工が悪ければ、いくら僕らが紹介してもいいものはできません。やっぱり人というのが大事。それから、あとはアフターフォローですね。建てさせていただいた責任というものがありますから、これを一番大事に考えています。アフターフォローを通して満足度を高めていくことを創業以来ずっと続けてきたおかげでここまでこられたのかなと思っています。

――人を育てることについてはいかがでしょう。

谷本：人材育成の面では、まず、トップである僕が、理念をきちんと幹部なり社員なりに伝えています。また、月に1度は業者さんにも集まっていただいて、お客様の感動映像を見てもらいます。映像では、例えば旦那様から奥様に、新築した今までのプロセスを読み上げてもらうシーンがあるのですが、そういう場面を職人さんに見ていただくことで、僕らがどれほど大事なものを作っているのかを伝え、一緒に作っているという感覚になってもらうのです。

――理念や価値の共有がうまくいった理由は。

谷本：創業したとき、僕は現場の職人でやっていましたので、現場の職人さんの考え方も分かっていました。当時はハウスメーカーの下請けをやっていて、お客様の顔が見えないところで、ただ作るだけという感じだったんです。そこで、僕が会社を作るにあたって、お客様に直接選ばれるためには、やはりお客様の顔が見える施工会社になることが大事だなと思いました。そこに共感してもらえているのだろうなと思っています。

――コストダウンの工夫は。

谷本：「このお客様のために一生懸命やって、早く施工してあげよう」といった気持ちでコストダウンに取り組んでいます。材料屋さんに僕が直接行って「こういうものを皆さんに提供したい」と熱く語って、それでコストダウンにつなげていくというのが、うちのコストダウンです。

家族の幸せを大切にする快適な暮らしを提案

――今後求められている住宅とはどんなものでしょうか。

谷本：一般的には、一つのエアコンで一つの部屋だけを冷暖房するのが普通です。しかし、これからの家というのは、やはり全館空調、全室冷暖房が主流になると思っています。僕がフランチャイズで手がけている「桧家住宅」は、全館空調の住宅では大きなシェアを持っていて、西日本ではこれから伸びていくところですので、この普及に努めています。

――「桧家住宅」の空調の特徴を教えていただけますか。

谷本：車をイメージしてもらうと分かりやすいですが、冷暖房のない車というのは今はほとんどありません。冷暖房の設定通り、いつも快適な温度に保たれているのが車だと思うのです。これと同じイメージで、家全体も、25度に設定すればずっと25度に保てるのが全館空調です。ずっと25度に保っているので、1年を通じたランニングコストでいうと、一般的なエアコンよりも安くなるんです。なぜなら、電気というのは、エアコンを立ち上げたときに一番電気代がかかるからです。

また、最近お客様からよく耳にするのが、例えば眠るときなど、女性だったら普通のエアコンにあたりながら寝ると冷えてしまうのが気になるところですが、全館空調であれば温度がずっと一定なので、すごく快眠ができると評判です。ストレスも軽減でき、住まう人の健康にもつながってくるんだろうなと思っています。

――今後の展開は。

谷本：２０１８年に鳥取から岡山へ進出しました。私たちが手がける桧家住宅のような全館空調の家は、より省エネで健康的な生活につながります。健康で快適だと、奥様が喜ぶ。奥様が喜ぶと家族が喜びます。今後も「家族の幸せを大切にする」という理念のもと、桧家住宅を通じて、西日本の皆さんに快適な暮らしを提案していきたいです。

（２０２０年7月20日 放送）

谷本弘樹（たにもと　ひろき）

株式会社ウッズカンパニー代表取締役社長

昭和46（１９７１）年鳥取県倉吉市生まれ。昭和63（１９８８）年宮大工に弟子入りし、専門的な建築技法を学ぶ。平成6（１９９４）年株式会社谷本創建を創業。自身も施工技術者として施工に取り組み、地域でトップシェアの施工会社へ。住宅事業を展開し専門技術を活かし、更に企業を成長させる。平成27（２０１５）年株式会社谷本創建と株式会社ハートホームが合併。株式会社ウッズカンパニーへ商号変更。好きな言葉は「巧遅拙速」。趣味は歴史的建造物の見学。

〝重機を通じて、地域に安全・安心を届けたい〟

東洋重機工業株式会社
湯浅 亨 代表取締役社長
岡山市

――夢を一言でお聞かせください。

湯浅：私たちの扱う重機を通じて、地域の皆様に安全・安心を届けたい。

建設現場をもっと安心・安全・快適に

――建設機械、車両の販売や修理、レンタルなどを手がけていらっしゃいます。とくに力を入れているのはどんなことでしょうか。

湯浅：私たちは、油圧ショベルやブルドーザーといった建設機械をはじめ、クレーンや高所作業車など幅広い商品を取り扱っています。さらに、建設現場を安心・安全に、もっと快適にしていきたいという思いから、建設機械のアタッチメントの独自開発を行い、グループ会社のユアサ製作所のＹＵＡＳＡブランドとして販売しています。

――開発されたアタッチメントにはどのようなものがありますか。

湯浅：建物の解体などで活躍する重機アタッチメントには、岡山らしく「でえれぇアゴ」という名前を付けました。１８０度開閉するのが特徴で、つかみやすく、木造建築の解体や林業などで活躍します。

――同じ「でえれぇシリーズ」には草刈り用のアタッチ

KOMATSU

メントもありますね。

湯浅：はい。雑木や草を刈ることができるアタッチメント「でえれぇ刈れるガー」は、お客様の高いニーズにお応えして製作いたしました。非常によく切れる刃を使用しているため、広範囲の草をいっぺんに刈ることができ、好評をいただいています。この「でえれぇ刈れるガー」のように、ユーザーの声を反映させた商品を開発し、ヒット商品を生み出したいというのが、目標のひとつです。

――重機を通じて地域社会にどのように貢献したいと考えていますか。

私たちが扱う重機は、さまざまな現場で活躍しています。ユーザーの皆さんに安心して使っていただけるよう、必要な場合はすぐに現場に出向いて修理を行える体制をつくり、工事が止まらないようにと心がけています。また、災害時には、すぐにお役に立てるよう待機しています。地域の皆様の安心・安全に少しでも貢献できたらと思っています。

――改めて夢をお聞かせください。

湯浅：東洋重機工業は２０２１年に60周年の節目を迎えます。社員がいきいきと働き、活力あふれる会社として、

建設機械のアタッチメントを独自開発

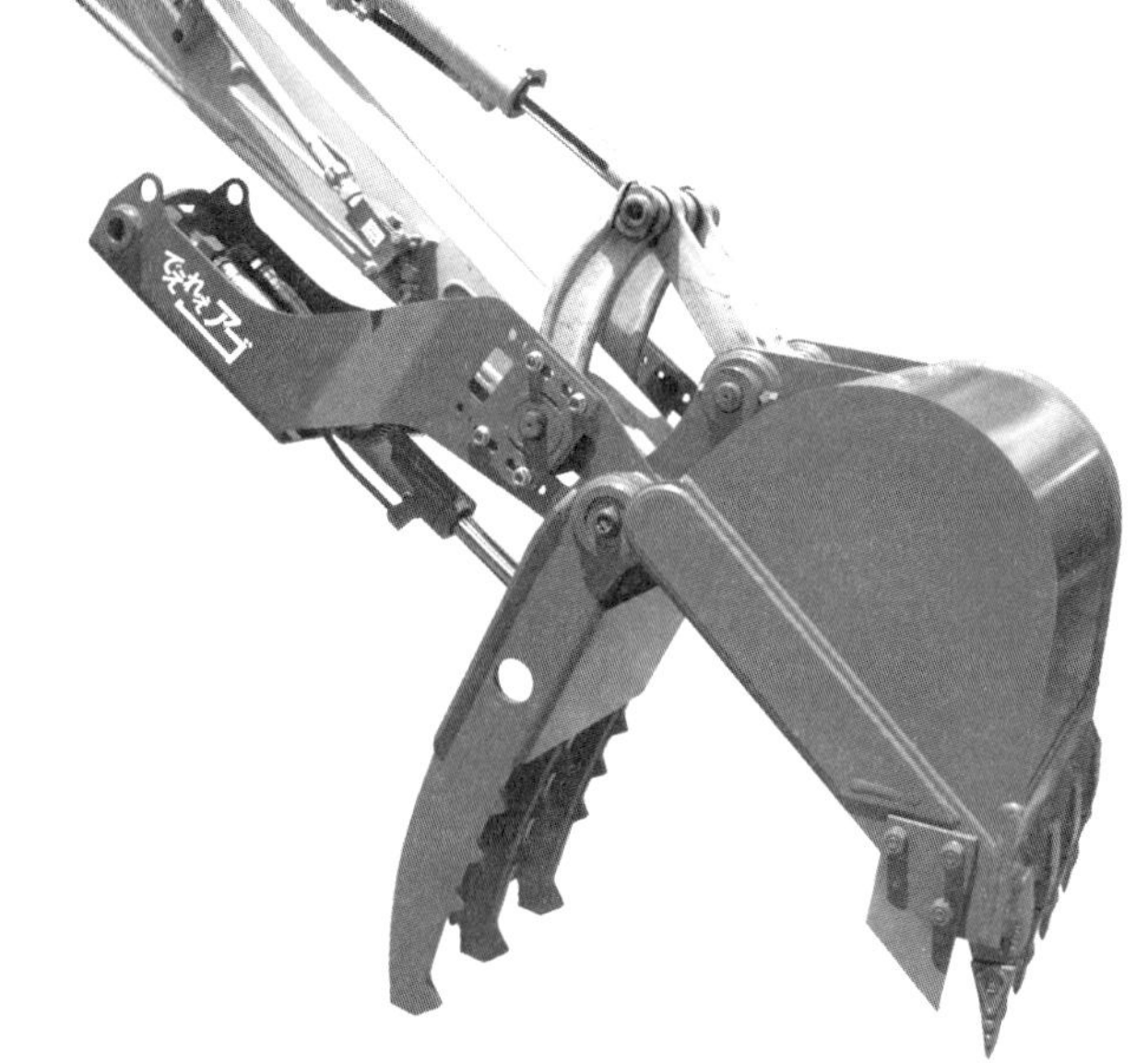

でえれぇアゴ

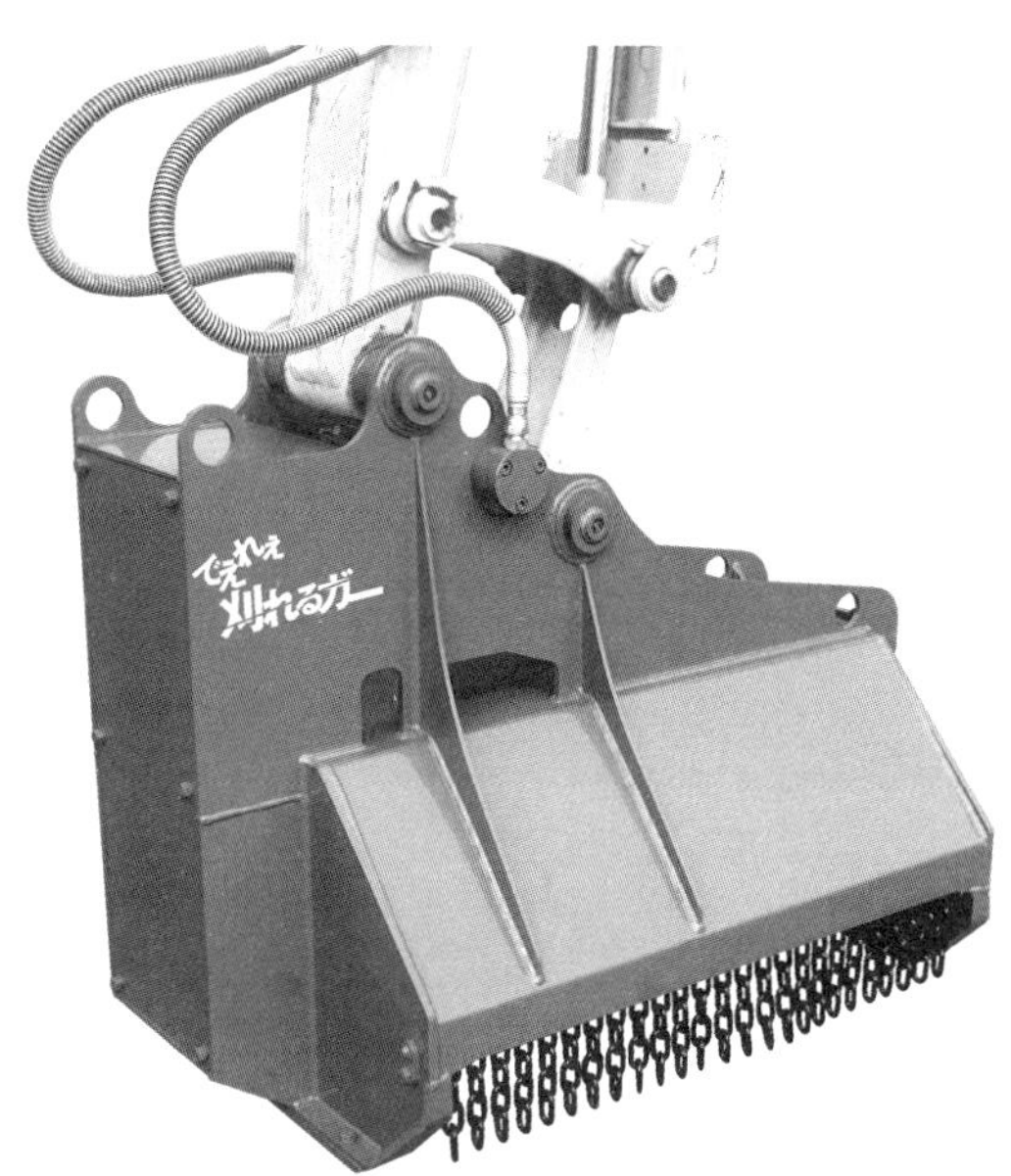

でえれぇ刈れるガー

これからも地域社会とともに成長していきたいと考えております。

（2020年7月27日 放送）

湯浅　亨（ゆあさ　とおる）
東洋重機工業株式会社代表取締役社長
株式会社東洋リース代表取締役社長
産機リース株式会社代表取締役社長
株式会社ユーコム代表取締役社長
ユアサ製作所株式会社代表取締役社長
昭和51（1976）年岡山市生まれ。東京理科大学経営学部卒業。平成16（2004）年東洋重機工業株式会社に入社。代表取締役副社長を経て、令和元（2019）年に代表取締役社長に就任。趣味は旅行、読書。座右の銘は「利他の心」。

奈義町

“日常生活の一場面が絵になる家を提供したい”

casa岡山北　株式会社森藤工業
森藤修平　代表取締役

――夢を一言でお聞かせください。

森藤：日常生活の一場面が絵になるような家を提供したい。

――土木や舗装などの公共工事を手がけていらっしゃいます。最近の取り組みについて教えてください。

森藤：新しい取り組みとして、2019年秋に住宅事業部を新設しました。私どもでは「casa（カーサ）」というシリーズの住宅を展開しています。

――こちらのモデルハウスについてご紹介ください。

森藤：「LIFE IS ART（ライフ イズ アート）」。生活の一場面がアートになるような住宅をコンセプトにしています。生活の一場面のいろんな部分を切り取って、そのどれもが絵になるようなモデルハウスとなっています。

デザイン・機能・価格を追求した、完成度の高い住宅を提供

casaの家のラインナップのひとつである「casa cube」は、デザイン性、機能性、価格の安さといった部分を徹底的に追求した、完成度の高い住宅となっています。比較的若い世代の方たちに好評をいただいております。

――間取りも特徴的ですね。

森藤：廊下がとても少ない住宅ですので、家全体の坪数

に対して、一つひとつのお部屋に広いスペースを確保できた住宅になっています。四角い形をした家というのは、基本的に地震などにも強い構造になっており、間取り的にみても無駄なく部屋を取れる点がメリットになっています。

――お客様が家を買う際には、どういった流れになるのでしょうか。

森藤：うちが扱っているのは注文住宅ではなく「商品住宅」です。通常の住宅のように何度も打ち合わせを重ねて家を建てていくということではなく、ある程度形の決まったプランの中から自分の好きな物を選んでいただくという方法を取っています。これを洋服に例えると、オーダーメイドで一から採寸して服を作っていくのではなく、セレクトショップのように自分の好きな洋服を選んでいただくのと同じです。

――どういったメリットがあるのでしょうか。

森藤：注文住宅では、家が実際に出来上がるまでどういったものになるのかはわかりませんが、商品住宅というのは先に出来上がりの形を目で見て確かめていただけます。購入後はそれと同じ家が建つわけですから、完成したものが自分のイメージしたものとズレているといったことは少なくなると思います。

——工事の期間についてはいかがでしょうか。

森藤：基本的には、似たような造りの家を大量生産で作っていくという形になります。大工さんなどの作業員もどんどん作業の熟練度が上がっていきますので、普通の注文住宅に比べると非常に短い工期で完成できる家といえます。

——お客様はどういったことに対して喜んでおられますか。

森藤：デザイン性の高さと価格の安さというのを兼ね備えている点が喜ばれているようです。あまりお金を掛けられないから、注文住宅の格好いい家は作れないけれども、規格商品の中でデザイン性の高い家が選べ、手の届く値段で作れるというところがポイントになっています。

——その安さの秘密についてお聞かせいただけませんか。

森藤：商品住宅ということで、全国で同じ仕様、同じ規格の建物を大量に作っていますから、コスト面ではスケールメリットが非常に生かせています。一つひとつの部材が安く入ってきますので、建築価格としても非常に安く建てることができるわけです。

宅地造成から水道工事まで一貫して自社で施工

——これまで手がけていらっしゃった道路や水道の工事の経験は、家づくりにどのように生かされているのでしょうか。

森藤：わが社はもともと土木工事をメインにやっていた会社ですから、宅地造成から水道工事・下水工事まで、すべて一貫して自社で施工することができます。余計な業者が入って来ないので、価格的にも低価格で提供できる形になっています。

わが社が責任持ってワンストップで施工していきますので、造成から建築まで一つの会社との付き合いだけで済ませられるという点で、お客様にとってもメリットがあると思います。

——これからはどんな家をつくっていきたいと思われますか。

森藤：生活の一場面一場面が絵になるような、豊かな生

機能、デザイン、価格の安さなどを徹底して追求した「casa cube」

活を送っていただける住宅づくりを目指しています。岡山県内で年間30棟の受注を目標にがんばっていきたいと思っています。

——改めて、夢をお聞かせください。

森藤：「LIFE IS ART（ライフ イズ アート）」をコンセプトにした私どもcasa岡山北の手掛ける住宅で、経済的に無理をせず、手の届く範囲で生活を豊かに感じていただきたいと思っています。

（2020年8月3日 放送）

森藤修平（もりとう　しゅうへい）

株式会社森藤工業代表取締役

昭和59（1984）年岡山県生まれ。津山高等学校卒業。東京経済大学中退。平成23（2011）年株式会社森藤工業入社。平成30（2018）年同社代表取締役就任。令和元（2019）年に住宅部門「casa 岡山北」をスタート。

“警備業の岡山モデルをつくり、全国に発信したい”

岡山市

近畿警備保障株式会社
松尾浩三　代表取締役社長

――夢をお聞かせください。

松尾：警備業の岡山モデルをつくり、全国に発信したいと思っています。

――交通誘導や貴重品の運搬など、さまざまな警備業務を手がけていらっしゃいます。御社の特徴を教えていただけますか。

松尾：弊社は創業25年で、現在は約２００人の警備員を配置しています。警備業務は１号から４号に大別されていて、当社は1号の「施設警備」から2号「交通誘導」、「貴重品運搬」（３号）、「ボディーガード」（４号）まで全種目を手がけており、中にはいろいろな施設での特殊業務もあります。

これからの時代には、警備にプラスアルファができるような仕組みを作っていき、仕事の専門性を高めていく必要があるだろうと考えています。そこで、ＣＡＤによる工事規制図面を書いたり、道路維持作業用自動車の指定登録をしたりといったことにも取り組んでいます。

工事規制図面の作成でスムーズな工事をサポート

――工事規制図面についてお聞かせください。

松尾：当社は警備会社として、いち早く工事規制図面の作成に力を入れてきました。工事規制図面は、看板や警備員の配置など、現場の道路の規制内容をまとめたもの

です。交通というのは生きたものですから、警備員を固定で配置するのではなくて、移動と固定を織り交ぜながら配置していかないといけません。さまざまな要素をこの図面に落とし込んでいくことで、工事を安全に、スムーズに進められるようになります。

この工事規制図面の作成は慣れていないと難しいので、建設会社や橋梁などのコンサルタント会社、トンネルの業者などからも弊社に図面の作成依頼がやってくるケースが増えています。警備業務ではなく「鳴門大橋の規制図を引いてください」と図面作成だけを受けるケースもあります。

この図面のように、単なる警備会社ではできない仕事をやることで、企業価値も上がっていきますし、もらえる金額も変わってきますから、当然従業員に支払える金額も変わってくると思います。

――道路維持作業用自動車の指定登録についてはいかがでしょう。

松尾：当社は岡山県でいち早く、本格的に弊社所有の移動式標識車を道路維持作業用自動車として指定登録しました。この道路維持作業用自動車の指定許可を得た8ナンバーの車両を、弊社では現在15台ほど所有しています。

この道路維持作業自動車の指定登録の取得は、従来、工事業者が取得し、警備会社で取得するところはあまり無かったのですが、弊社で、高速道路上での警備依頼が多くなり、高速道路上での規制作業が多くなる中で、道路維持作業自動車の指定登録の取得の必要性を感じ、申請取得することにしました。これにより、特殊車両に警備員が乗り込み現場に行き、仕事ができ、お金がもらえるようになりました。取得当初は、まだ珍しかったのですが、今では、さまざまな地域で警備会社も取得されているようです。

　これで、規制図面とは別にまたひとつ付加価値を作ったことになります。そういう付加価値をいろいろな場面で増やしていくことが必要になると考えています。

——女性の警備が増えています。

松尾：現在、約２００名の警備員の中で女性が25名いますが、これからも女性の社員を増やしてその特徴をもっと表に出していきたいと思っています。

　通行人の方が現場で腹を立てるような場面があっても、警備員が女性だとちょっと一呼吸置いて聞く耳を持ってもらえたり、女性の方が信頼してもらえたり、礼儀正しかったりといった点から、今は女性の警備員が注目されています。女性のスポーツ選手などのボディーガードでは、更衣室やトイレに付いていくなど配慮が必要なケースもありますので、その時には女性警備員が活躍してくれます。

　女性警備員は少しずつ増えてきており、現在、当社の社員同士で結婚したケースが９組あります。警備員の仕事を理解してもらえる家族を持ち、さらにその子どもたちにもこの業界に入っていただけるようなサイクルを長期的に作っていければと考えています。

質の高い警備システムで ユーザーへ安全を提供

——警備関連の資格取得にも力を入れていらっしゃいます。

松尾：施設警備業務や交通誘導警備、貴重品運搬、空港保安警備や核燃料物質等危険物運搬警備など、警備員にはさまざまな国家資格があります。こうした国家試験をクリアすることで、誇りを持って警備につくことができます。これからは資格取得を伸ばしていき、警備員の社会的貢献度を高めていく必要があると思っています。

　当社では、私も、皆と一緒になり、すべての資格を取得し、従業員である、社員の教育に当たっています。試験に通っても通らなくても、資格取得のための費用や研修の費用は会社が負担することにしています。結果として試験に落ちたとしても、それだけ勉強して知識を得たということが会社の財産になると考え、そういう方向でやっています。

――座右の銘についてお聞かせください。

松尾：「人は石垣、人は城」が私の座右の銘です。我々は人があっての企業です。一番肝心なことは、人とのつながりを持って行うことですから、いまでも朝は警備に出ていくみんなの様子を見ていますし、給料日には振込ではなく直接受け取りに来てもらっています。そこで会って話をする時間を大切にしています。そういう人とのつながりを持つことが石垣となり城になるのだと思います。

今はＩＣＴとかＡＩということがよく言われ、導入が進んでいますけれども、この業界はやはり「人」。人を育てて、育成し継承していくことがこの業界の発展につながっていくと考えています。

いま、警備員の数は警察官よりも非常に多くなっています。これからは警備会社で補完する業務がますます増えていくはずで、社会公共の安全を陰で支えるという意味からも、この業界はもっと伸びていく可能性があるのではないかと私は思っています。

――改めて、夢をお聞かせください。

松尾：ユーザーへの安全の提供と質の高い警備システムの向上を図るために、今後、社員一同、感謝の気持ちを持って邁進したいと思っています。

（2020年8月10日 放送）

松尾浩三（まつお　こうぞう）
近畿警備保障株式会社代表取締役社長
昭和29（1954）年総社市生まれ。近畿大学理工学部建築学科卒業（現近畿大学建築学部）。昭和54（1979）年株式会社日本ハウスホールディングスの設計部署に入社し、営業に従事。平成2（1990）年より警備業に転身し、瀬戸警備保障株式会社専務取締役として5年間従事。平成7（1995）年に有限会社近畿警備保障を起ち上げる。平成27（2015）年私設で総合都市計画研究所（1級建築士事務所・宅建取引）を開設。平成30（2018）年より一般社団法人岡山県警備業協会会長。趣味は読書、剣道、ゴルフ。

“「すべては明日のために」の精神で環境を守ります”

株式会社グリーンベルト

畝岡昭一　代表取締役社長

津山市

――夢をお聞かせください。

畝岡：すべては明日のためにという精神で環境を守ります。

――解体や土木、建築工事を手がけていらっしゃいます。どんな気持ちで取り組んでいらっしゃいますか。

騒音・振動を抑えた特殊な解体方法を模索

畝岡：高度成長期以降、近年まで不法投棄が問題になっていますが、これ以上この環境を汚されないように、わが社は「環境保全」ということを一番大事にしてやってきました。我々の業界でまず一人ひとりができること、例えばタバコのポイ捨てをやめることからでも環境保全が始まると考えています。

――会社の名前にも環境への思いが込められています。

畝岡：「グリーンベルト」という会社は1992年に創業しました。「グリーンベルト」はドイツの環境保全活動の代名詞とも言えるもので、環境保全に関してはドイツの取り組みが先進的であると聞き、まずはドイツを見習おうということでこの名前を付けて取り組んできました。ドイツでは、道路や公園、工業団地などを作る際、そのために失った緑の分だけ他の土地に同じ面積の緑地帯を作るという仕組みが整備されているそうです。同じように我々も日本で

環境保全に尽力したいと思いがんばっています。

――現場で気をつけていることは。

畝岡：解体業というのは、音が出る、振動が出る、ホコリが出るということで、不満や苦情が多くなりがちな業種です。ですから、これを少しでも和らげていくことが我々が一番に取り組まなければいけない課題であり、近隣住民の方に迷惑がかからないように対処していかなければ、地域環境を守っていくことができないと私は考えています。ですから、今はまず音を出さない、ホコリを出さない、振動を起こさない、これらを極力抑えた特殊な解体方法を試みているところです。

今までの鉄筋コンクリートの解体は油圧ブレーカーや圧砕機で解体していたのですが、現在では外国から取り入れた新たな方法を使い、ビルなどの鉄筋コンクリートを豆腐のように切断して解体するという方法に取り組んでいます。

豆腐のように切っていくわけですから、振動も音も少なく、かつ安全に仕事が出来るようになりました。また、解体のスピードが速いので、工期も50％くらいに縮めることができます。作業が早く終われば、そのぶん近隣の方々に迷惑をかける日数も少なくてすむわけです。

――作業にあたる方の礼儀やマナーについて良い評判を耳にしました。

畝岡：解体の仕事には近隣住民との関係が切り離せませんから、もしそこで社員のマナーが悪かったら、どこも受け入れてくれません。我々は「解体のことならグリーンベルトに任せておけば安心だ」と皆さんから求められる企業を目指していますので、まず礼儀が大切です。きちんとあいさつができ、きちんと対応ができることが必要となります。今はそこに力を入れて取り組んでいるところです。

例えば、お年寄りが歩いているとか、子どもが自転車で通ることがあれば、いったん工事をストップして、その自転車を支え、渡っていかれるまできちんと安全を確認します。これを徹底するのが我々オペレーター職員の態勢でなければならないと思っています。

――中古の建機や農機、古材や骨とう品などの販売も手がけられています。

畝岡：解体業をやっていますと、「もったいない。なぜこんなモノを廃棄してしまうのだろうか」と思うモノが出てきます。そこで、骨董や中古建機のリサイクルショップ「お宝市場」を設立しました。今では県内外から多くのお客様に来ていただき、「今までこんなものまで捨てていたのか。本当にもったいない」と感じています。

モノを大事にするということは、いつの時代にもやっていかなければいけないことであり、先人が残した匠の技を後世に大切に伝えていきたいと考えています。良いモノを残していくことは、それだけゴミを減らすことにつながりますから、いかにしてゴミを減らすか、ゴミの原因をどれだけ緩和できるか、それを一つの目標に取り組んでいます。

環境への意識を高めるさまざまな事業を展開

――「美作の丘」についてもお話していただけますか。

畝岡：現在のグリーンベルトグループの原点は「美作の丘」にあると思っています。１９７３年4月に観光農園として「美作の丘」を立ち上げ、早くも半世紀になりました。木が一本もない、何もないところからの開拓でした。我々はそこからスタートしたわけで、その精神を今の会社や社員にも生き方として伝えてきました。諸般の事情で２０２０年7月31日をもって閉店しましたが、私にとっても社員にとってもこの場所は心のふるさととして、未来永劫、大事に語り継がれていくのではないかと思っています。

私は若い時から農業を中心に事業をやってきて、ある地方の石碑に刻まれた「大地は人間より多くの真実を語る」という言葉に感銘を受け、以来、すべてはこの大地が語っていると思いながら農業に取り組んできました。私は、日本に限らずどこの国民も国土の上に成り立っており、大地を軸として生かされているんだと思っています。今、グリーンベルトグループが社会から認められる企業としてやり続けるためにも、そういう人生観を持ってやっていければいいなという思いがあります。

――改めて、夢をお聞かせください。

畝岡：こういう仕事をやっていますので、一人ひとりに環境への意識を高めていただくことが私の夢であると思います。

「すべては明日のために」という言葉を座右の銘にしています。明日のために今日何が出来るかということが大切なのです。1年先のために今日は何をしておくべきか、そういう積み重ねが豊かな企業をつくり、国をつくっていくのだと思っています。

（2020年8月17日 放送）

苫田ダムにて撮影。社員一丸となり、一つの方向に向かって邁進しております

畝岡昭一（うねおか　しょういち）

株式会社グリーンベルト代表取締役社長

昭和23（1948）年津山市生まれ。昭和42（1967）年岡山県立津山東高等学校卒。同年農業に従事。昭和48（1973）年観光農園「美作の丘」を設立。昭和63（1988）年株式会社美作の丘を法人会社とし、代表取締役社長に就任。平成4（1992）年株式会社グリーンベルトを設立し、代表取締役社長に就任。趣味は仕事。好きな言葉は「すべては明日のために」。

〝知的好奇心のスイッチを押していきたい〟

宇多津町
四国水族館
松沢慶将 館長

――夢をお聞かせください。

松沢：四国水族館にお越しになる方の知的好奇心のスイッチを押していきたいと思っています。

族館ではそれらに頼らず、新たな取り組みや展示方法に力を入れていきたい。「次世代水族館」として、これまでにない価値を提供する水族館でありたいと思っています。

――四国水族館の魅力について教えてください。

四国の特徴的な水中世界を再現した「次世代水族館」

松沢：四国水族館では、四国の特徴的な水中世界を再現しております。ご来館をきっかけに、もっと四国を知りたくなる、もっと四国を旅したくなる、そんな仕掛けをたくさん設けています。

これまでの水族館といえば、大きな水槽があり、珍しい生き物を展示することに特化してきましたが、四国水

――展示にはどのような工夫がありますか。

松沢：四国水族館では、四国の水の景色、「四国水景」をテーマに、四国ならではの様々な水景をアート作品としてご覧いただくことに特化しております。これをより明確にするために、水槽の周りに額縁の装飾を設けました。そして、展示生物について解説した魚名板はあえて設けていません。そうすることによって、生き物だけでなく、その生き物

が暮らす環境をより印象付けています。生き物をお見せしてはいますが、決して生き物一つひとつがテーマなのではないのです。

――魚名板がないことは、どんな学びにつながっていくのでしょうか。

松沢：魚名板がないとなると、「あの魚はなんだろう?」と知りたい欲求が高まると思います。そして、本当に知りたいと思ったとき、自分で調べてみるとか、あるいはスタッフに聞いてみることで、本当に知りたいこととそうでないことを分類でき、自分が本当に知りたかったことがしっかりと記憶に残ることにつながると考えています。

――水槽のそばにはＱＲコードの記載があります。

松沢：ＱＲコードを利用して、ＬＩＮＥ公式アカウントやウェブサイトが参照できるようになっています。魚名板をあえて設けていませんので、詳しい情報を知りたいとか解説が欲しいというお客様に必要な情報を提供するためにご用意しています。これからのペーパーレスの時代に対応して、あえて紙媒体を使わず、スマートフォンなどで対応できるようにＱＲコードを付けています。

――波消しブロックの中を泳ぐコブダイの展示がとてもユニークです。

松沢：波消しブロックのような人工物を水族館でお見せするのはいかがなものかという考えもあるかもしれませんが、我々はあえて今、四国の自然のひとつとして人工物のある環境を再現しました。そこに生き物がたくましく適応して生きていることをお客様にご覧いただきたいと思い、このような展示を行っています。

時間帯や季節に応じた変化でさまざまな楽しみ方を提供

――水族館を訪れる時間帯によって印象に変化がありますか。

松沢：四国水族館の大きな取り組みとして、お客様がいらっしゃる時間帯や季節に応じて、さまざまな楽しみ方を提供できることを目指しています。例えば光や効果音、香りといった演出が、昼間と夕方と夜、あるいは春夏秋冬によって異なるという取り組みをしています。

――夕方の時間帯の見どころは。

松沢：夕方には、瀬戸内海に沈む夕日を背景に、イルカたちが躍動的に遊んでいる様子を見ることができます。夏季には6時半からイルカのサンセットプログラムを実施しており、瀬戸に沈む最高の夕日を背景に、イルカたちとトレーナーが心を一つにしてダイナミックなパフォーマンスをお見せすることが出来るかと思いますので、ぜひご覧いただきたいですね。

――水族館で働くスタッフに関してはいかがでしょう。

松沢：生き物と飼育職員との関係についても、これまでにないものができればいいなと思ってさまざまな取り組みをしています。現在は新型コロナウイルスの関係で職員がお客様の前に出て直接解説することができませんが、コロナが落ち着きましたら、職員が積極的にお客様の前に出て、生き物のことについてしっかりと解説していくことによって、お客様と生き物との距離がもっと近くなるような、そんな水族館にしていきたいと思っております。

――生き物に対してはどのような気持ちで接していらっしゃいますか。

松沢：私どもの水族館では、生き物をサーカスのように飼育していくつもりは全くないんです。イルカたちには曲芸を求めているのではなくて、むしろイルカの自由時間を大切にしたいと考えています。イルカのプログラムの時間は1回あたり15分程度で、多くても一日4回、合計1時間くらい。お客様がお見えになっている間は自由時間の方がずっと長いわけで、その自由時間をお客様に見ていただける価値のあるものにしたいと思っています。おもちゃを与えてイルカたちの多様な行動を引き出したり、トレーナーが子どもとじゃれ合うときのようにちょっかいを出したりして、イルカが無邪気に遊んでいる様子を実感していただける空間にしたいと考えています。餌をもらうために何かをしないといけないという関係ではなく、信頼関係のもとでイルカが楽しく過ごしている姿を見ていただきたいと思います。

夕暮れの景〜夕陽とイルカの共演〜

――改めて、夢をお聞かせください。

松沢：四国の外からお越しになる方には、四国の豊かな海、そして河川に興味・関心を持っていただきたい。そして、四国にお住まいの皆様には、ふるさとの自然の価値を再認識していただく。そんな場所にしていきたいと思っています。

（2020年8月24日 放送）

松沢慶将（まつざわ　よしまさ）
四国水族館館長
昭和44（1969）年新潟県生まれ。京都大学農学部水産学科卒業。同大学院農学研究科修了（農学博士）。日本学術振興会海外特別研究員として、フロリダ大学アーチー・カールウミガメ研究センターに留学。帰国後、NPO法人日本ウミガメ協議会主任研究員、神戸市立須磨海浜水族園研究企画課長、NPO法人日本ウミガメ協議会会長、国際ウミガメ学会会長などを歴任。平成31（2019）年、四国水族館初代館長に就任。趣味は、無駄な知識をため込んで時々ひけらかすこと。好きな言葉は「天の時は地の利に如かず　地の利は人の和に如かず」。

“地域の必需品としての学校を目指します”

おかやま山陽高校
原田一成 校長
浅口市

――夢をお聞かせください。

原田：地域の必需品としての学校を目指します。

――学校の特徴を教えてください。

原田：他の学校がやらない、やろうとしない、それでいて、地域で必要とされている、そういう教育が受けられる学校を目指したいと思っています。

例えば自動車科では、高校で三級自動車整備士の資格を全員が取得することを目指しています。また、多くの生徒が姉妹校である「岡山自動車大学校」に内部進学して、さらに二級自動車整備士の資格を取得し、社会の即戦力になるという、そういう一貫教育を行っています。特に自動車科ではものづくりに力を入れています。

得意な分野を伸ばせる教育環境を用意

また部活動の一環として「自動車整備部」というものがあります。ここには本当に車が好きな生徒たちが集まっていて、さまざまな工具や設備がありますから、本当に作りたいもの、夢でしかなかったものを作ることができます。

そうした中で生まれたのが、ギネスの世界記録に登録された世界一車高の低い電気自動車「ＭＩＲＡＩ」や、全方位移動型６輪ＰＨＥＶ「ヘキサローラー」です。ものづくりが好きな子どもにとっては本当に夢のような学科になっています。

製菓科は、中四国の高等学校で初めて製菓衛生師養成施設として厚生労働省の認可を請けました。ですから、高校時代に、専門学校と同じく、国家資格の「製菓衛生師」を取得することができます。将来は地元や東京・大阪でパティシエになる生徒たちがここで育っています。

おかやま山陽高校のほとんどの生徒は、将来の目標をある程度決めてから本校を選んでいますので、在校生の9割くらいは本校を専願して入学しています。したがって、みな熱意があり、モチベーションが高いために、その相乗効果として三級自動車整備士の国家資格の100％合格であるとか、製菓衛生師の100％合格、スイーツ甲子園や和菓子甲子園での優勝といった成果につながっているのではないかと考えています。

おかやま山陽高校の一番のメリットは、五教科という枠にとらわれず、その生徒が一番得意な分野をよく伸ばせる、さらにその分野では誰にも負けないようになれる、そういう教育環境が揃っていることではないかと思っています。

――授業を拝見しました。皆さん自分から進んで学んでいる様子ですね。

原田：やはり、やりたいことは、たとえ止められてでもやるものです。自動車整備部の生徒などは、終電まで帰らなかったりして、後でしかられたりもしていますが、それも熱意の表れかなと思っています。それだけ学校が楽しいと思ってくれていることは、我々としてはうれしいことです。

――どういう社会人になっていくことを期待されていますか？

原田：即戦力とはいえ、高校を卒業したばかりの未成年ですから、基礎・基本を本校できちんと身につけておいて欲しいと思います。そのために、専門学科の先生として、現場で長年その仕事をされている方々に来ていただいております。本校で現場感覚の基礎を身に付けてもらい、卒業後はさらにそれぞれの職場でその先の技術を取得して伸ばしていってほしいと考えています。

――歴史のある学校ですから、活躍されている卒業生も多いでしょう。

原田：飲食店に行くと、だいたい卒業生の誰かがいますし、ディーラーさんに行けば、どこにもうちの高校とか大学校の卒業生がいます。ですから、安心できるのと同時に、ちょっと落ち着かないところがあります。

夢の実現を応援し地元出身の人材を地元社会に還元

――今後の展開をどのように思い描いていらっしゃいますか。

原田：わが校は、うちでしかできないことに挑戦しようという学校なんですが、これから新しい学習指導要領が施行になり、ここで日本の普通科教育が大きく変わろうとしています。一言で言うと、アメリカ型の「リベラル・アーツ・カレッジ」の高校版が日本で始まるわけですが、本校もこれに挑戦したいと思っています。私自身、リベラル・アーツ・カレッジの出身で、ずっと前からやりたいと考えてはいたのです。専門教育がうちの本分だと思っていたところ、ここで国としてリベラル・アーツ（人文科学・社会科学・自然科学の基礎分野を横断的に学ぶ教育プログラム）に普通科教育のかじを切ると聞き、本校でも踏み切りました。現在、教職大学院の教授を講師に招き、教員研修を行っています。さらに、生徒たちが本気でリベラル・アーツに取り組める舞台装置としての環境整備を行いました。

――そうした教育のために、こちらの教室を整備されたそうですね。どのような工夫をされているのでしょうか。

原田：ここは「ベンチャーカフェ　ブルーム（BLOOM）」という、グループ活動に特化した空間です。「花開く」という意味から、いろいろな発想が出やすいように、木材や緑を配した落ち着いた環境となっています。どのブースでもリラックスした自由な雰囲気の中でグループ毎にディスカッションすることができ、ICT機器も整備されていますので、共に考え、共に学ぶ舞台装置としては完璧ではないかと思っています。

また、放課後に生徒がここで自習をして帰るといった用途でも利用されています。普通科進学コースの主任から「放課後にカフェで勉強して帰ることができるような環境を作って欲しい」という要望があり、その意見を取り入れてこういうデザインにしてもらいました。

従来の教育では、例えば1000個ある中の500個を覚えた、700個を覚えたということが評価されていたのですが、これからの普通科教育はいくつ覚えるかではありません。覚えた知識を基にして、目の前にポンと投げられた課題に対して、100％正解ではなくとも、実効性のあるなんらかの解決策を、即時的に考え出す力を鍛えるような教育になると思いますので、そのための練習の場になればいいなと思っています。

――改めて夢をお聞かせください。

原田：これからも生徒一人ひとりの持ち味を生かして、夢の実現を応援していきます。地元出身の人材を地元社会に還元する、地域に欠かせない学校であり続けたいと思っています。

（2020年8月31日 放送）

原田一成（はらだ　かずなり）

学校法人第一原田学園理事長、おかやま山陽高等学校校長

昭和41（1966）年岡山県生まれ。岡山県立岡山朝日高校卒。国際基督教大学教養学部卒（BA）。同大学博士前期課程修了（MA、教育哲学）。同大学博士後期課程単位取得済退学。平成8（1996）年おかやま山陽高等学校入職。平成20（2008）年同校校長就任。平成26（2014）年理事長就任。趣味は読書、天体観測。好きな言葉は"Life finds a way."。

〝ここまでやってくれるのかという店づくりを〟

岡山市

ネッツトヨタ岡山株式会社
石井清裕 代表取締役社長

――夢をお聞かせください。

石井：お客様に満足を越えた感動をしていただくために、ここまでやってくれるのかという店づくりをしています。

――トヨタの新車や中古車の販売拠点として、岡山県内に14店舗を展開されています。特徴的な取り組みについてお聞かせください。

無料洗車に事故現場急行 独自サービスを幅広く提供

石井：我々は、お客様に車を買っていただいてからが、本当のお付き合いの始まりだと考えております。お客様満足度の向上に力を入れ、お客様のために新しい独自のサービスを幅広く提供しています。

たとえば、無料洗車のサービスもそのひとつです。車が汚れたときはもちろん、なかには毎週とか、雨が降るたびに洗車に来られる方もいらっしゃいます。「近くに来たから」ということでスタッフにお声掛けいただけることもあり、ありがたいと思っています。

雨上がりの日には無料洗車で来店される方が非常に多いですし、お盆などの休み明けも、無料洗車のお客様が朝から夕方までたくさんいらっしゃっています。来ていただいて店内でコーヒーやジュースを飲んでゆっくりしていただく、また、家族連れでただ遊びに来ていただけるというのも、我々としては一番うれしいことです。

——どうしてそのようなお店づくりをしようと考えられたのでしょうか。

石井：特にほかに用事がなくても気軽に立ち寄っていただけるようにする、というのが目的です。そのために各店舗にマッサージチェアを設置し、アットホームな雰囲気のなかでゆっくりくつろいでいただけるようにしておりますし、ショールームにはコンシェルジュコーナーを設けて、お客様にいろいろな情報に触れていただけるよう準備しています。

当社では全社員300人のうちの120人が「晴れの国おかやま検定」を受検して、「晴れの国博士」に認定されており、岡山の歴史や産業、グルメ情報などについても、お客様と幅広くお話できるような知識を持っています。例えば「この近場でランチは何がおいしいの？」と聞かれた場合でも、「洋食のおすすめは……」とアドバイスができるようにしています。ただ本を読んで得た知識だけでなく、自分が体感して「この店はこういうおいしい料理が出ますよ」といった具合に話ができるように、しっかりと勉強しています。

——このほかの独自サービスについてお聞かせください。

お客様に「ここまでやってくれるのか」と感じていただけるサービスに、事故現場急行サービスがあります。お客様が事故を起こしてしまったときに、我々社員が30分以内に現場に到着して、事故処理や相手の方との話し合いなど、すべてのことが解決するようお手伝いするサービスを実施しています。

事故を起こしたときには頭が真っ白になってしまい、どうしたらいいのか分からなくなってしまいます。そういう時に、実際に顔見知りのスタッフがすぐに来てくれて、いろいろな手続きを自分に代わってやってくれるとなれば、こんなに頼もしいことはないだろうと、私の体験も踏まえて考案しました。この事故現場急行サービスでは、岡山県下の全店舗をネットワークでつなぎ、お客様から電話があったら、お買い上げいただいた店から離れた所でも、事故現場に近い店舗の社員がすぐに駆けつけます。

このサービスはお客様からたいへん喜ばれていて、お礼の言葉を多くいただいております。あるお客様からは、事故の際の対応をたいへん評価いただき、何年経ってもその時の思い出話をしていただけるほどです。

――健康相談に関するサービスも展開していらっしゃいます。

石井：もうひとつ、くらしの健康相談というサービスも実施しています。体の調子が悪いとかケガをされたという時、24時間365日、お客様からのご連絡を受け付け、プロの看護師やお医者さんが適切なアドバイスをするというものです。とくに現在はコロナ禍で、じつにさまざまなご相談があります。車とは直接関係ないことではあるのですが、お客様の生活全般をサポートしたいという思いから実施しているサービスのひとつです。

カーライフに限らず、お客様のトータルライフをサポート

――スタッフの皆さんはどんな思いでお客様に向き合っておられるのでしょうか。

石井：ネッツトヨタ岡山では、お客様のご要望にお応えして満足していただくというだけでなく、お客様にさらに喜んでいただくことを目指して、全スタッフがお客様の視点で、常に何ができるかを考えています。

ご来店されたお客様には、友達や家族のように温かくフレンドリーな接客を心がけておりますし、また、常に

時代の先端をいく洗練されたサービスで、お客様に新しい価値を提供していきたいと考えています。

お客様をお迎えするのは明るい笑顔のスタッフたち

購入後のメンテナンスや自動車保険といったカーライフに不可欠なサービスのほか、無料洗車や事故現場急行サービス、くらしの健康相談まで、カーライフに限らず、トータルライフをサポートさせていただくということで、お客様に大変喜んでいただいております。今後もさらに、満足を超えた感動を目指して、独自サービスによるお客様満足度の向上に努めて参ります。

――改めて夢をお聞かせください。

石井：お客様のカーライフにとって、なくてはならない存在、地域の役に立つ企業であり続けたいと思っています。

（2020年9月7日 放送）

石井清裕（いしい　きよひろ）

ネッツトヨタ岡山株式会社代表取締役社長
ネッツトヨタ香川株式会社代表取締役社長
昭和27（1952）年倉敷市生まれ。昭和50（1975）年慶応大学経済学部卒業。同年トヨタ自動車販売株式会社入社。昭和53（1978）年トヨタオート岡山株式会社・トヨタオート香川株式会社に入社。平成3（1991）年トヨタオート岡山株式会社・トヨタオート香川株式会社の代表取締役社長に就任。平成10（1998）年ネッツトヨタ岡山株式会社・ネッツトヨタ香川株式会社に社名変更。趣味は旅行とワイン。平成30（2018）年（一社）日本ソムリエ協会名誉ソムリエ（ソムリエドヌール）に就任。

早島町

〝人工芝を通して、子どもたちの笑顔を見続けたい〟

株式会社SEIYU

清友利昭 代表取締役

——夢を一言でお聞かせください。

清友：人工芝を通して、子どもたちの笑顔を見続けたいです。

——太陽光発電所のフェンス工事などを手がけ、自社製品の開発にも力を入れていらっしゃいます。SEIYUブランドの魅力を教えてください。

フェンス工事などを幅広く手がけ 自社製品の開発にも尽力

清友：SEIYUブランドは、僕たち建設のプロが企画開発していますので、どの製品も強度があり、施工しやすく、耐久性に優れています。

現在、SEIYUとして力を入れているのは、SEIYUWoodシリーズのウッドパネルです。SDGs（持続可能な開発目標）に取り組みたいという強い思いから、廃プラスチックや木くずを特殊な技術を用いて成形した木質プラスチック素材を用いており、見た目が美しいだけでなく、機能面でもたいへん優れた製品となっています。この素材は紫外線に強く、腐敗しない、また強度があるといった特徴がありますので、日常的に風雨にさらされるウッドデッキや壁面などの用途に適しています。また、リサイクルができるところも大きな魅力のひとつだと思っています。

——御社が取り組んでいらっしゃる人工芝プロジェクト

SEIYUエクステリア施工例

はどんなものでしょうか。

清友：ここまで自分たちを育ててくれた地元岡山に貢献したいという思いから、人工芝プロジェクトを始めました。

人工芝プロジェクトは、地域の企業様から寄付を募り、幼稚園・保育園に人工芝を寄贈するというプロジェクトです。私たちが扱う人工芝は、クッション性があるため転んだりしても怪我をしにくいのが特徴です。子どもたちに裸足で思いっきり遊んでほしいと思い、地域の保育園などに寄付させていただきました。子どもたちの笑顔は、大人たちのパワーになると思っています。この活動は今後ぜひ、広く知っていただきたいと考えています。

――改めて夢をお聞かせください。

清友：すべてに感謝し、謙虚に仕事に取り組み、社内にも社外にも、笑顔あふれる企業活動を合い言葉に、今日まで歩んで参りました。これからもモノづくりに正面から向き合い、お客さまと社員へ最高のサービスを提供していけるよう努力していきます。

（2020年9月14日 放送）

幼稚園・保育園に人工芝を寄贈する人工芝プロジェクトで地域貢献

寄贈した人工芝

基礎要らずで傾斜面にも対応可能で作業効率UPの直接杭

清友利昭（きよとも　としあき）

株式会社ＳＥＩＹＵ代表取締役

昭和54（１９７９）年岡山市生まれ。関西高等学校卒業。在学中、関西高等学校硬式野球部１０２代目主将を務める。平成14（２００２）年に創業、平成25（２０１３）年株式会社ＳＥＩＹＵ設立。平成28（２０１６）年特定建設業許可を取得。令和元（２０１９）年公益社団法人岡山青年会議所卒業。趣味は神社巡り、好きな言葉は「謙虚、感謝、笑顔」。

ヨーロッパで大人気のウッドシリーズは日本初の取扱い「SEIYUウッドシリーズ」として大好評

“お客様に寄り添うIT企業を目指します”

株式会社トスバックシステムズ
宮﨑俊和 代表取締役社長
高松市

――夢をお聞かせください。

宮﨑：お客様に寄り添うIT企業を目指します。

――生産や販売を管理するシステムの設計や保守などを手掛けていらっしゃいます。どういった思いで取り組んでいますか。

宮﨑：私たちのシステムは、「縁の下の力持ち」のような存在だと思っています。基本のシステムをもとにカスタマイズして、いわばセミオーダーのようにそれぞれのご要望に応じて使いやすく設計しています。

システムの設計に大切なのは「人」だと思っています。人が作り込むからこそ、人に優しいシステムになる。お客様のご要望を細やかにお聞きしてシステムに反映する、それは、「人」にしか成し得ない仕事です。ですから、トスバックシステムズの一番の資産は、「人」＝社員だと思っています。

基幹業務をサポートするシステムを提案

お客様にとって、いざというとき頼りになる存在でありたいと思っています。そこで今後は、お客様への対応により一層力を入れて参ります。相談窓口の強化としてコールセンターを開設し、トラブルが起こったときにはすぐに対応できるようにしていきたいと思っています。

――設計されるシステムはどのように使われているのでしょうか。

宮﨑：さまざまな業種の中で、事務処理や経理業務とつながるような、お客様の経営の根幹をサポートしていくシステムをご提供しています。具体的には、印刷、市場、建設、運輸、流通、アパレルなど、幅広い業種で販売管理や在庫管理などの基幹業務を担っています。人が使うものですから、人に優しいシステムづくりを心がけてやっています。

――今後のシステムにはどういった機能が求められるとお考えでしょうか。

宮﨑：在庫の状況に対して不足を指摘したり、必要な発注量を予想したりといっただけでなく、今後こういうものが売れていくといった統計的な数字を出すなど、トップが経営判断をしやすくするための機能が求められるのではないでしょうか。

また、将来的には、ＡＩが判断していくシーンが多くなっていくだろうと思っています。ただ、ＡＩを利用するためには、あらかじめ膨大なデータを入力しておかなければいけません。例えば小売業であれば、天候や気温に連動して、売り上げの数字が変わってきます。そうしたデータを入力していくという投資が必要になるわけです。

なかにはＡＩを使ったシステムを望まれる場合もありますが、当社のお客様は中小企業が中心ですから、ＡＩへの大規模な投資はなかなかできません。ですから当社では、人が判断するための基礎材料をお渡しするところまでをきちんとお手伝いしていきたいと考えています。

――労働人口が減っていく今後、システムへの需要が一層高まりそうです。

宮崎：企業経営には基幹系システムが不可欠ですので、それは今後も変わらないでしょう。また現在、多様なデジタル機器が発達してきていますので、それらと基幹業務とをつなぐＩｏＴの世界が今後広まってくるだろうと思います。

人を機械やシステムに置き替えようとする動きは加速するでしょう。ソフトウエアを作るのも、今は人が大きく携わっていますけれども、この先はコンピューターがプログラムを作っていくようなことも増えてくるんじゃないかと思っています。まだずいぶん先の話になるでしょうし、全部がそうなるとは思いませんが、ある程度できそうな部分は実現していくでしょう。人が希望を伝えれば、その通りにコンピューターがシステムを作ってくれる時代がやってくると思っています。

いざというときに頼りになる友人のような存在に

――これから、どんな思いでシステムにかかわっていこうと思っていらっしゃいますか。

宮崎：当社は創立40周年になるのですけれども、お客様とともにやってきて、今、ここまでの会社にさせていただいておりますから、これからもお客様とともにありたいと思っています。

実際に、人がやる仕事というのはだんだん少なくなって、機械がやることが多くなってきているのですけれど、その中でもやっぱり「人が使いやすいものを」という要望があります。会社によって、組織も違ってくるものです。「こうだからこう使ってください」ではなくて、希望を聞いて、できるだけその会社に合うようなシステムを納めさせていただきたいと思っています。

――改めて夢をお聞かせください。

宮崎：「１０００人の友人を作りたい」というのが夢のひ

2019年度全体会議

とつです。現在お客様が約700社なのですが、1000社にすることを目指しています。その1000社にとって、いざというときに頼りになる友人のような存在でありたいと思っています。

（2020年9月21日 放送）

宮﨑俊和（みやざき　としかず）

株式会社トスバックシステムズ代表取締役社長

昭和35（1960）年高知県四万十市（旧：中村市）生まれ。高知県立高知西高等学校卒。昭和61（1986）年株式会社トスバックシステムズに入社し、高知営業所に勤務。システムエンジニアとして長く業務システムの開発に携わる。平成24（2012）年取締役プラットフォーム事業部長に就任。平成28（2016）年取締役常務就任を経て、令和2（2020）年代表取締役社長に就任。趣味は将棋。

〝人と技術の成長で、社会に貢献したい〟

オーエム産業株式会社　オーエム機器株式会社

難波圭太郎　代表取締役社長

岡山市

――夢を一言でお聞かせください。

難波：めっきに始まるさまざまな技術で、社会に貢献したい。

――最先端のめっき技術で知られるオーエム産業と、建材や福祉機器などを製造するオーエム機器。2社を中心とするグループでの共同研究に力をいれていらっしゃいます。めっき技術についてご紹介いただけますか。

難波：一般的にめっきというのは、キラキラさせるとか光り輝かせるという装飾目的のめっきをイメージされると思いますが、当社が手がけているめっきは、自動車部品や航空機の部品、電子部品、デジタル家電の部品など、幅広い産業で使われているものです。より硬くするとか、より電気を流しやすくするといった、機能めっきを主なサービスとしています。

幅広い産業で使用なくてはならない「めっき」技術

もし、このめっきの技術がなければ、自動車も動かなくなりますし、パソコンも立ち上がらないし、スマホも使えなくなってしまうでしょう。さまざまなところに顔を出す、なくてはならない技術になっています。

――最近注目が集まっている技術は。

難波：現在は、今までめっきができないといわれていた

毎年恒例オーエムデー、家族といっしょに熱烈応援。オーエムグループは発足当時からファジアーノ岡山を応援しています

ガラスやグラファイトなどに、めっきをできるようにするための技術開発に力を入れています。

このめっき技術は、岡山県工業技術センターや岡山県立大学と共同開発した、ガラス基板に微細回路を施す新技術で注目されています。

これまで、ガラスの上に基板を作ろうとすると、その上にコーティングを施したりフィルムを貼ったりと、さまざまな工程が必要になったのですが、レーザー加工とめっき技術を組み合わせることで、それらの工程を省いて直接ガラスに微細回路の加工ができるようになります。これにより、製品ができるまでのリードタイムが短くなり、価格的にもメリットが出る可能性が高いと考え、当社ではこの新技術の事業化を目指して取り組んでいます。

——グループが取り組む共同研究について教えてください。

難波：オーエムグループはこれまで、国内外の大学や研究所、技術センターなど、さまざまな外部機関と一緒になって共同研究を進めてきました。博士号を取得するために会社を離れて二年間県外の大学に通ったり、アメリカの大学との共同研究のためにアメリカで数年間過ごしたりした経験から、客観的に外から自分たちの姿を見られるようになって、「こういう点は良いけれど、こういうことが足りていない」というような気づきが生まれ、それが彼らを成長させるのではないかと思います。最近では、グループの中でも共同開発や研究を進めていこうという方向で進んでいます。

新しい化学反応が起こる環境づくりで
人と技術が成長し続ける会社に

——新しいアイデアを生み出すために大切にされていることは。

難波：新しいアイデアが生まれる環境を作ることが私の仕事です。たとえば、いろいろな技術やバックグラウンドを持っている人たちが交じり合う環境です。

当社は創業から77周年ですが、50年ほど前に事業別に分社して今日に至ります。ですから、オーエムグループ全体でみれば、似ているようで違う企業文化が育っていたりします。これからはそれぞれが培ってきた技術や育ってきた人が混ざり合って「Ｏｎｅ ＯＭ」として力を発揮することで、新しい化学反応が起こることを期待しています。

――今後の展望は。

人も技術も引き出しがたくさんあるということが、これからのよい会社を作っていくためには大切なことではないかと考えています。

毎年恒例ちょっと季節外れの2月オーエムグループもちつき大会。かわりばんこにおもちをつきます

男性や女性、お年寄りに若い人、障害のあるなし、国籍の違いなど、さまざまな人がうちの会社で働いています。いろいろな人がたくさんの技術と混ざり合えば、これからワクワクすることや楽しいことがどんどん起こってくるのではないかと思います。そんな会社であれば、どのような環境の下でもなんとかしぶとく生き残っていけるのではないかと思っています。

――改めて夢をお聞かせください。

難波：人と技術が成長し続ける会社。これからも社会の役に立ち、社会に必要とされる会社でありたいと思っています。

（2020年9月28日 放送）

難波圭太郎（なんば　けいたろう）
オーエム産業株式会社代表取締役社長
オーエム機器株式会社代表取締役社長
昭和48（1973）年岡山市生まれ。関西学院大学法学部卒。平成8（1996）年スタンレー電気株式会社に入社。平成12（2000）年オーエム産業株式会社入社。その後、平成15（2003）年オーエム産業株式会社代表取締役社長、平成21（2009）年にオーエム機器株式会社代表取締役社長就任。趣味は映画鑑賞や読書、ゴルフやテニスをはじめとしたスポーツ全般。

夢紡いで 3 ―トップランナー69人の思い―

2020年11月30日　初版第１刷発行

編　著―――RSK山陽放送「夢紡いで」取材班
協　力―――RSK山陽放送株式会社
発行所―――吉備人出版
〒700-0823　岡山市北区丸の内２丁目11-22
電話 086-235-3456　ファクス 086-234-3210
振替 01250-9-14467
メール books@kibito.co.jp
ウェブサイト www.kibito.co.jp
印刷所―――株式会社三門印刷所
製本所―――株式会社岡山みどり製本

ISBN978-4-86069-625-2　C0034